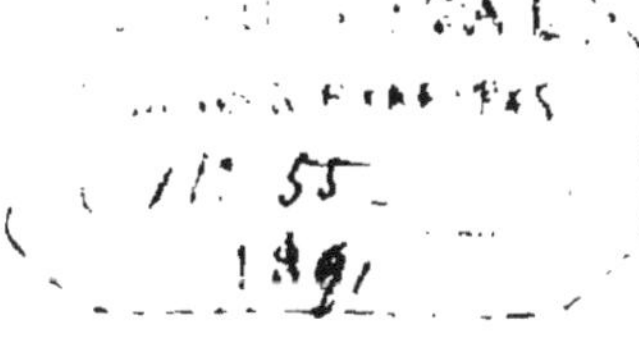

MICHEL DE CHROUSCHOFF

PAU

SOUVENIRS ET IMPRESSIONS

PAU
IMPRIMERIE ARÊAS
1891

PAU

Michel de CHROUSCHOFF

PAU

SOUVENIRS ET IMPRESSIONS

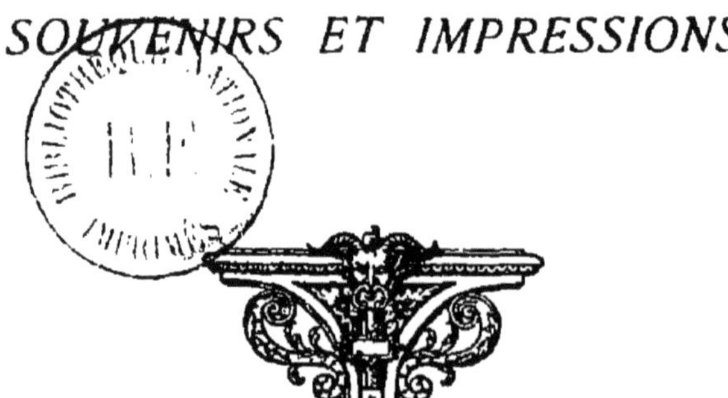

PAU
IMPRIMERIE ARÊAS
1891

INTRODUCTION

EN permettant de livrer à la publicité mes impressions, je fus guidé principalement par le profond sentiment de gratitude à cet admirable climat de Pau qui m'a rendu la santé. En même temps, je voudrais me rendre utile aux malades qui, comme moi, auraient vainement essayé de plusieurs autres stations hivernales sans trouver d'amélioration. Quel serait

mon bonheur si ces pages, faible expression de mes sentiments de reconnaissance et d'admiration, pouvaient avoir quelque influence sur l'itinéraire des personnes malades et, si attirées à Pau par l'exemple de ma guérison et sur la foi de mon expérience, elles y trouvaient, comme moi, la résurrection et la vie.

PAU

SOUVENIRS ET IMPRESSIONS

I

LA charmante ville de Pau qui est à présent le chef-lieu du Département des Basses-Pyrénées se trouve à 850^{k} s. o. de Paris, à 47° de latitude et 2° de longitude.

Elle doit probablement son origine à quelque Vicomte de Béarn qui, frappé de la beauté du paysage, y établit un rendez-vous de chasse. Ses successeurs y bâtirent le majestueux château qui devint plus tard la résidence préférée d'Henri IV.

Il faut voir cette coquette ville avec ses allures

de petite capitale pour comprendre et apprécier le charme du paysage sans pareil au milieu duquel elle est assise, le front perdu dans des flots de verdure éternelle et baignant ses pieds dans un torrent nommé le Gave qui s'en va porter à l'Océan le tribut de ses ondes impétueuses.

Mais ce qui forme la vraie séduction, ce qui n'a pas son égal dans l'Univers, ce qu'on ne se lasse jamais d'admirer, c'est le panorama incomparable de côteaux et de montagnes qui forment un spectacle merveilleux qu'on dirait arrangé exprès par une fée bienfaisante pour le plaisir des habitants de ce pays enchanteur. Comment pourrait-on donner une idée de ce délicieux ruban qui court en girandoles de neige là-bas, bien loin, au bout de l'horizon, sur un fond bleu sombre qui ne semble être créé que pour faire ressortir les dentelures des monts et la blancheur éclatante des neiges. Plus près de vous, comme s'abritant sous les flancs des montagnes lointaines, des collines vertes s'étagent en double amphithéâtre et forment le premier plan de ce tableau incomparable.

La gracieuse ville, placée elle-même sur un plateau élevé et au centre même du panorama, semble avoir choisi le point le plus favorable pour jouir plus à l'aise de ce colossal et radieux spectacle.

Et tout cela baigné, enveloppé par une atmosphère d'un calme élyséen et d'un éclat à la fois éblouissant et doux. Comme le cœur se dilate dans cet espace immense! L'air n'est qu'une fête pour les yeux ravis ; éblouis délicieusement à certaines heures du jour, ils se ferment à moitié sous la clarté qui les inonde, qui ondule et ruisselle renvoyée par le dôme ardent du ciel. Mais, malgré l'immensité des horizons, rien d'imposant ni de sévère ; c'est la beauté dans sa grâce sereine ; c'est la joie et le plaisir dans leur pureté idéale.

La paix profonde dont on jouit à Pau contribue pour une large part au bien-être et à la guérison des malades. Rien ne saurait donner la plus faible idée de ce calme de la nature et de l'atmosphère. Seul, le calme élyséen, si bien dépeint par Virgile, pourrait lui être comparé. Cette tranquillité de la nature vous la sentez peu à peu pénétrer en vous et communiquer à tous vos sens je ne sais quelle quiétude délicieuse.

Le docteur allemand Schaer, dans son ouvrage sur la climatologie de Pau, dit que cette ville, par les qualités distinctives de son climat, appartient à la classe des climats qui calment l'organisme et qui exercent sur lui une action sédative. « Mais comme on peut y acquérir un accroissement de force, ajoute ce savant, je crois aussi qu'en vertu de sa situation particulière et de certains éléments qu'elle communique à son atmosphère, cette ville possède, en même temps, des qualités propres qui peuvent contribuer à fortifier et à guérir les organes maladifs ; je considère donc ce climat comme calmant et fortifiant l'organisme. »

Un autre médecin, anglais, explique ainsi ce rare phénomène atmosphérique : « La ville bâtie à l'extrémité d'un plateau est garantie complètement contre les vents si fatigants et si malsains du Sud, par la chaîne des Pyrénées ; au Nord et à l'Est elle est protégée par des côteaux boisés ; à l'Ouest, un côteau élevé d'une longueur de plus d'un kilomètre, couvert de hauts arbres présente un obstacle infranchissable au vent d'Ouest. De plus, le vent du Nord, attiré par les hautes mongnes qui se trouvent du côté opposé, produit un véritable courant d'aération qui passe par-dessus la ville ; ce qui fait qu'on peut comparer l'état atmosphérique de Pau à l'air calme d'une salle gigantesque admirablement ventilée par le haut. »

Le climat de Pau, écrit un autre savant médecin, est peut-être le plus agréable et le meilleur de France pour les malades. Il n'y a pas, comme à Nice ou Montpellier, de transitions subites du chaud au froid, ni des vents, comme presque dans toutes les stations hivernales. La ville de Pau est par sa position naturelle si bien défendue contre les vents, l'atmosphère qui l'environne est douée des qualités si spéciales qui éloignent leur action, que dans aucune saison de l'année la fonction d'un organe quelque délicat qu'il soit, ne peut être troublée.

Toutes ces qualités merveilleuses du climat palois jointes aux beautés charmeuses du paysage, font en quelque sorte de la ville de Pau un petit paradis terrestre et le proverbe béarnais a raison de dire que quiconque a vu Pau n'a jamais vu une telle ville.

II

Dans le chapitre précédent, j'ai dit librement et franchement les impressions agréables et heureuses que m'avaient laissées deux ans de séjour à Pau. J'y reviendrai peut-être quelquefois encore, car, comme dit le proverbe : *ex abundantia cordis, os loquitur.*

Ces impressions, qui me sont toutes personnelles, n'ont été influencées par aucune considération étrangère à ma santé, à mon bien-être, qui sont pour moi ce qu'ils sont pour tous, le premier des biens. Cependant, depuis ce premier moment, mon jugement étant déjà assis sur les bases solides de l'expérience, n'aurait pu qu'être fortifié encore par la lecture que j'ai faite de maintes comparaisons écrites par des spécialistes qui connaissent le fort et le faible de toutes les stations hivernales. Or, parmi ces publications, je me suis attaché surtout à celles des docteurs qui ont écrit de longues années après avoir quitté toutes ces stations, par conséquent à une heure où leurs jugements ne pouvaient plus être soupçonnés de partialité et d'intérêt personnel. L'un d'eux surtout m'a frappé par des considérations qui firent du bruit dans le temps où elles parurent. Les échos en arrivèrent à tous les journaux de l'Europe, et les lecteurs russes ne les ont pas sans doute oubliées. Je veux parler du docteur Jacobi qui exerça son art à Nice pendant de longues années. Rentré à Paris pour ne plus quitter la capitale où il est encore, il perdit presque immédiatement un de ses enfants qui, selon lui, avait contracté la phtisie à Nice même, dans cet air Niçois *saturé de bàcciles* accumulés par les malades innombrables qui y affluent depuis longtemps. Il est admis, en effet, que ce mal fatal peut se transmettre. Si la théorie est vraie dans un milieu où il n'y aurait qu'un seul malade, que sera-ce dans un milieu où l'air est imprégné de bacciles et où il n'y a pas une chambre qui n'ait été habitée par un malade de cette catégorie? En outre, toujours selon ce praticien habile, le sous-sol de Nice est loin d'être favorable, non seulement à ces malades, mais à tous les malades en général. Quant à lui, disait-il dans cet écrit et dans ses entretiens particuliers, avant d'envoyer ses malades à Nice, il aurait voulu que cette ville cessât d'être, pendant un an, une station de phtisiques, pour se purger de son atmosphère actuelle.

Pau se trouve, justement sous ce rapport, dans les conditions que réclame le célèbre docteur. D'abord le nombre des phtisiques est insignifiant, en comparaison des nerveux qui forment la majorité de sa colonie souffrante.

Quant aux distractions variées qui sont l'auxiliaire obligé de toute cure, j'ai dit déjà qu'elles y étaient très bien organisées par la municipalité paloise, à laquelle, pour ma part, je n'ai que des éloges à adresser en mon nom et au nom de beaucoup de mes compatriotes qui partagent ma manière de voir.

A propos de la municipalité, je me suis livré sur ce sujet à quelques études qui intéresseront peut-être le lecteur. Celle que j'ai faite depuis un an de séjour, me permet de vous dire qu'il y a des différences profondes entre la Commune française et la Commune russe, tant sous le rapport du droit écrit ou coutumier que sous celui du fonctionnement quotidien. Ces différences, je pourrai les résumer en disant que chez nous la Commune a des attributions plus larges, plus libres, qu'en France, mais qu'elle n'en fait presque aucun usage. En Russie, les libertés communales sont aussi antiques que le sol ; en France, ce sont des conquêtes lentement acquises sur la féodalité d'abord, sur l'État ensuite.

Mais il faut voir les merveilles que réalisent les municipalités françaises dans les limites étroites de leurs attributions. Grâce à leur activité intelligente, chaque ville de Préfecture est devenue, surtout depuis quelques années, une petite capitale, ayant sa Cannebière, comme Marseille, ou ses boulevards, comme Paris. Grâce à ses édiles changés tous les quatre ans par le suffrage universel des habitants qui rivalisant de zèle, Pau a conservé ses allures de petite capitale d'un petit royaume. Que dis-je ! chaque municipalité veut signaler son règne par quelque amélioration mémorable. Faire son histoire ce serait faire en même temps celle de toutes les municipalités qui l'ont gouvernée et embellie tour à tour. Celle qui la dirige aujourd'hui n'a rien à envier à la gloire de ses devancières ; car, si j'en crois les espérances qu'elle a données dès son avènement au pouvoir, l'on pourra voir d'ici à quelques années l'accomplissement des deux grands *desiderata* des habitants, je veux dire la création d'un Casino monumental vraiment digne d'elle, et le raccordement des deux Parcs par le prolongement du grand boulevard du Midi. Ce sera un travail cyclopéen comme l'a été celui du boulevard déjà existant.

La ville est bâtie sur un tertre qui domine le Gave et s'étend sur une longueur de cinq ou six verstes. Sur le fond de ce tertre, en face du panorama des montagnes, s'étend un boulevard arcbouté par des contreforts gigantesques, un des plus beaux, des plus ensoleillés que j'aie vus jamais.

Aux deux extrémités de cet immense boulevard se trouvent deux magnifiques parcs, plantés d'arbres aussi antiques que la ville même. L'un, le parc Henri IV n'est autre chose qu'un splendide morceau du parc de chasse du Bon Roi et appartient à l'État, de même que le château dont il forme une dépendance. Mais l'autre, appelé le parc Beaumont, la municipalité l'a acheté récemment, au prix de près d'un million, à une ancienne famille dont il était la propriété. Ce magnifique fleuron, que les édiles palois ont ajouté à la verte couronne de la coquette capitale, est, selon moi, une des plus belles créations du conseil municipal.

Je devrais trop m'étendre si je voulais vous retracer tous les aperçus intéressants que m'a donnés l'étude de cette activité municipale à laquelle les étrangers rendent justice. C'est effrayant de penser au budget énorme de la ville, supérieur certainement à celui des petits royaumes d'autrefois. Ce budget se chiffre par de très fortes sommes sur lesquelles je n'ai pas des données suffisamment exactes. J'ignore si ces sommes sont dépensées avec une intelligence à l'abri de toute critique, et il ne m'appartient pas de m'en mêler ; mais ce que je puis dire pour ma part, c'est que la propreté des rues, le luxe des habitations, le nombre des distractions de toute nature fournies à grands frais par la Ville, les orchestres incomparables composés de grands premiers prix, un théâtre d'opéra richement subventionné, des courses, les premières de France après celles de Paris, tout annonce à des observateurs non prévenus une municipalité active et intelligente.

Quoiqu'il en soit, les étrangers n'ont que lieu d'admirer les merveilles de confort, de plaisirs que l'on sème sous leurs pas.

J'aurai occasion de parler de la Bibliothèque, une des plus riches de province. Pour vous en donner une idée, figurez-vous que je possède un catalogue des ouvrages imprimés en Béarn, et concernant seulement son histoire. C'est un gros in-folio de 400 pages, dont la lecture rapide me prendra plusieurs jours. Pour lire tous les ouvrages mentionnés au catalogue, il faudrait plusieurs années. Toutes les autres collections sont à l'avenant.

Jugez si un lettré a de quoi fourrager ici. La municipalité alloue à la Bibliothèque quatre mille francs par an pour l'acquisition de nouveaux ouvrages. Je reviendrai sur cet important sujet qui peut intéresser le lecteur et surtout les malades qui en venant à Pau auraient quelque souci des plaisirs de l'intelligence.

III

Je vous ai déjà parlé des ressources intellectuelles que présente la ville de Pau aux étrangers à qui de telles distractions sont nécessaires. Elles sont de trois sortes ; les conférences littéraires, les visites au Musée permanent et au Salon, et enfin la bibliothèque. Justement, voici la saison où elle est le plus visitée par les habitants et les étrangers. Toutes les journées ne sont pas favorables à la promenade et aux exercices en plein air. Alors, la bibliothèque nous ouvre ses portes hospitalières et ses salles silencieuses. Si je vous donnais à deviner où elle est placée, je pourrais vous le donner en cent, en mille, vous pourriez jeter votre langue aux chiens. Figurez-vous un gros bâtiment carré de quelques cent mètres de côté. qui de loin a un faux air de bastion énorme. Ce bastion est percé sur chaque face de portes colossales presque aussi hautes que le monument. A travers ces portes sort et entre de six heures à midi, une foule immense avec des paniers, des corbeilles pleines de viande ou de légumes.

Les ânes qui ont apporté toutes ces provisions sont rangés le long du trottoir, mais ils n'entrent pas dans le monument, et comme ils sont déjà partis quand les savants arrivent, leurs roulades musicales ne peuvent gêner en rien les études des bûcheurs.

J'ai l'air de plaisanter, et cependant rien de plus exact que ma description. Les lecteurs qui sont venus à Pau ont déjà reconnu la fidélité de ma peinture. Pour ne pas vous mettre plus longtemps l'esprit à la torture, je vous dirai tout net que les Béarnais sont gens très pratiques, comme du reste tous les peuples à qui la nature a accordé à flots la belle poésie et les beaux paysages.

Ils ont trouvé le moyen de réunir dans cet énorme bastion toutes sortes d'utilités : légumes, viande, poisson, police, salle de cours pédagogiques, salle de danse, salles de scrutin électoral, et, enfin, la Bibliothèque qui occupe un coin de cet étrange *Capharnaum*. Vous y êtes maintenant, et vous voyez clair dans ce problème compliqué. Le rez-de-chaussée, c'est-à-dire tout l'espace enclos par ces quatre murs, est occupé par le marché, *le grand marché,* comme on l'appelle par opposition à une autre halle tout aussi grande, mais qu'on appelle le *petit marché*, j'ignore pourquoi — peut-être parce qu'il se contente de faire simplement son honnête métier de marché sans cumuler mille fonctions, comme son rival qui, paraît-il, est son cadet et porte le nom de *nouvelle halle*. C'est fort bien, direz-vous ; mais avec tout ça, si tout l'ameublement consiste dans les quatre murs, et si l'espace compris entre ces quatre murs est occupé totalement par les viandes et les légumes, où diable a-t-on logé la Bibliothèque?

Suivez-moi. Nous entrons dans le marché par une des dix portes qui y donnent accès ; nous suivons au hasard une des allées très larges, très bien dallées, entre des montagnes de légumes et de fleurs, nous apercevons deux immenses escaliers en bois qui grimpent, comme des limaçons, le long des murs jusqu'à une galerie qui règne tout autour à une hauteur de vingt mètres environ. Une fois arrivé à cette galerie, vous avez une vue ravissante sur le marché qui grouille au-dessous de vous. Mais soyez tranquille, ce n'est pas l'heure de la Bibliothèque, et vous pouvez à votre aise admirer la nature vivante et odorante avant d'aller la voir morte et desséchée dans les livres et dans les herbiers. Ce serait le moment ou jamais de vous faire les honneurs des belles paysannes béarnaises, cuisinières, bonnes ou marchandes, que vous avez là par milliers sous vos pieds. J'y reviendrai peut-être un jour ; mais en attendant, et de peur d'oubli dans un pays où il y a tant à voir, constatons que jamais nulle part, je n'ai vu autant de jolis minois. On dirait qu'on les a fait venir exprès de tous les coins du Béarn, et qu'on n'a exposé que le dessus du panier, laissant au village les fleurs de rebut. Si j'avais le temps, si la Bibliothèque, mon but du moment, n'était pas là, l'occasion serait belle pour moi de faire un cours de beauté et surtout une comparaison entre le type général des Béarnais et celui du bon roi Henri IV.

Est-ce une prévention de ma part, prévention bien excusable, je crois, vu les innombrables anecdotes amoureuses dont ce roi est le sujet ? Est-ce une réalité physiologique ? Mais à chaque tournant de rue, je me trouve face à face avec le visage d'Henri IV, ce nez aquilin et spirituel, ces yeux à fleur de tête et grands ouverts et ces lèvres si finement souriantes. En voyant vingt fois par jour ces ressemblances vraiment singulières, on se demande involontairement si l'histoire n'a pas été un peu ironique et sybilline, quand elle a appelé Henri IV : *le père de son peuple*.

J'ai vu quelquefois cette ressemblance poussée jusqu'au fac-simile absolu, de manière à faire croire à une vraie résurrection du bon roi.

Il me revient qu'un jour, étant allé me promener sur la route des Eaux-Bonnes, route de quarante kilomètres, vraiment belle, je me suis arrêté à une petite auberge pour me reposer et goûter un verre de ce fameux vin de *Jurançon* qui, en deux temps et deux mouvements, vous coupe bras et jambes, et vous cloue, dit-on, sur place pour deux heures. Je m'assis à une petite table très proprette, et me mis à siroter mon Jurançon. En face de moi, à la même table, le visage d'Henri IV me regardait avec son petit air bonhomme et goguenard. C'était une manière de fermier ou de marchand de bétail assez riche, à en juger par une blouse bleue, de toile et non de coton, et par son béret immense qui mesurait au moins un mètre de circonférence. Car remarquez qu'ici, comme partout, la vanité humaine retrouve ses droits et fait son nid quelque part. Dans toute la vallée du Gave, de Lourdes à Orthez, pour ne parler que de ce que j'ai visité, la largeur du béret vous donne la mesure de la richesse de celui qui le porte, à peu près, comme chez nous en Russie, dans la classe marchande, plus le col de la fourrure est ample, plus on a de foin dans ses bottes.

Mon homme avait donc un énorme champignon sur la tête ; mais comme cette forme, en annonçant la richesse, n'est pas très flatteuse pour la physionomie, et que notre homme tenait assez à la coquetterie, il avait artistiquement ramassé le feutre sur le côté gauche de la tête, de façon à se faire une sorte de mousquetaire ou de coiffure à la Henri III. J'avoue que ça lui allait à ravir.

Je ne saurais vous dire ma stupéfaction ; c'était Henri IV lui-même, tel qu'il était quand il courait la prétentaine à l'époque du renouveau, déguisé en paysan ou en n'importe quoi, pourvu que l'heure du berger eût sonné quelque part pour lui. Plus je le regardais, plus la ressemblance se dessinait ; si bien qu'il arriva un moment où je vins à croire que celui des deux qui ressemblait le plus à Henri IV, c'était non celui-ci, mais le paysan.

Mon homme s'aperçut de mon ahurissement : et, après en avoir joui quelque temps avec une satisfaction de gourmet et d'artiste, il me dessina un fin sourire en disant textuellement :

— Vous trouvez que ça y est, n'est-ce pas, Monsieur ?

— Oui, répondis-je, c'est tout à fait réussi.

— Et cependant, ajouta-t-il, je suis de la cinquième génération !

Vous dire avec quel air de fierté naïve, il me dit cela, est impossible à une plume ; il faudrait le pinceau.

Mais revenons à la bibliothèque où m'attendent les poètes Béarnais, Despourrins, Navarrot, Hatoulet, Picot, Peyret, Vignancour et autres, et où je puiserai les éléments d'une étude, aussi complète que je pourrai la faire, sur la langue béarnaise et ses principaux poètes.

IV

AYANT eu l'intention de parler de la langue et de la poésie béarnaises, je me suis arrêté à la porte de la Bibliothèque et j'ai tâché, sans y parvenir peut-être, de vous donner une idée nette de l'immense caravansérail où cette bibliothèque est enfouie, comme un vrai bijou dans un immense bazar. J'ai prononcé le mot de bijou, je ne m'en dédis pas, car c'est vraiment le mot juste, si l'on songe que nous ne sommes pas à Paris, mais dans une petite ville de province. Les richesses qu'elle contient sont incalculables, surtout en livres et documents locaux. Tei est le culte des Béarnais pour leur histoire, que vous trouvez à la bibliothèque le moindre mémoire, le moindre discours académique, la plus modeste étude imprimée ayant trait à leur chère province. Je remarquerai, en passant, que je n'ai trouvé nulle part en France le particularisme local, l'amour de la petite patrie, *le culte du clocher*, comme on dit, aussi vivace, j'oserais presque ajouter aussi exclusif, qu'en Béarn. Sous ce rapport, le Béarnais ressemble au Marseillais ; de même que ce dernier se vante d'être Phocéen, avant d'être Français, de même le Béarnais appartient au Béarn avant d'appartenir à la France. Ceci soit dit sans aucune nuance de critique malveillante, mais simplement comme constatation d'un fait dont tous les étrangers sont frappés comme moi Ce culte de la petite patrie, qui fit des merveilles autrefois, quand chaque régiment portait le nom de sa province, n'empêche pas les Béarnais d'être aussi bons Français que quiconque, mais il est plus frappant qu'ailleurs, voilà tout ce que je tenais à noter.

Il vous est aisé de croire qu'avant de vous parler de la langue béarnaise, j'aie eu soin de m'entourer de tous les documents qui pouvaient suppléer à ce qui me manque naturellement du côté de la connaissance pratique de cette antique langue que j'entends parler seulement depuis un an.

J'ai dit que je l'*entends parler* ; car c'est un fait indiscutable que la langue française aura encore beaucoup à faire pour imposer silence aux nombreux *patois romans* qui sont parlés concurremment avec le français par les classes éclairées ou uniquement par les paysans, depuis la Loire jusqu'aux Pyrénées. Je veux bien admettre que le système moderne de l'école obligatoire aura pour effet de réduire les limites de ces patois, mais cette victoire sera lente, et bien hardi serait celui qui oserait prédire la date de ce triomphe définitif.

Mon intention n'est pas de vous faire ici la monographie de tous les patois du Midi de la France, depuis l'auvergnat ou le périgourdin jusqu'au provençal. Mon étude ne dépassera pas les bornes du Béarn où je suis confiné, depuis un an, par raison de santé. Quelles sont les origines de la langue béarnaise. en quoi elle diffère du *gascon* des départements voisins. telle est la question que je vais tâcher de résoudre d'abord, avant de vous parler des poésies et des légendes du Béarn.

Je constate d'abord que le Béarn actuel ou département des Basses-Pyrénées a deux patois bien distincts, le *béarnais* et le *basque*. Le premier est parlé par la presque totalité des habitants, le second par une tribu mystérieuse, dont les origines ont donné lieu à des milliers de volumes et de dissertations savantes écrits par des centaines d'érudits européens depuis Stockholm jusqu'à Madrid. Cette tribu appelée *les Basques* comprend environ 140,000 individus et occupe une très petite partie du département, vers le sud-ouest et touche au Guipuscoa espagnol.

On se perd encore aujourd'hui en conjectures sur les origines de ce peuple. Cependant, voici quel est le dernier état de la question.

Vers 1840, M. de Humboldt entra en lice et ses conclusions furent que les *Basques* sont des *Aquitains* qui fuirent devant la conquête romaine, se retranchèrent dans les montagnes où les vainqueurs n'osèrent attaquer leur indépendance. Encore aujourd'hui, ils ne se marient qu'entre eux et leur langue ne ressemble à aucun des dialectes environnants. La difficulté d'apprendre cette langue épouvante les plus hardis, et d'après une légende populaire, le diable lui-même vint passer dix ans dans le pays sans y avoir appris un seul mot.

Et cependant, M. de Humboldt a appuyé l'origine *aquitaine* des Basques sur la parenté de leur langue avec le Béarnais beaucoup plus que sur la physionomie de la race. La théorie du savant Prussien eut en France des disciples nombreux qui, ainsi qu'il arrive toujours, ne firent qu'outrer les idées du maître. On alla jusqu'à affirmer l'identité absolue des Basques, non seulement avec les Béarnais, mais encore avec l'Aquitaine toute entière, c'est-à-dire avec tout le pays français compris entre la Garonne, l'Océan et les Pyrénées. Il est vrai que M. de Humboldt avait donné l'exemple d'une généralisation encore plus vaste, puisqu'il va jusqu'à identifier les Aquitains aux Ibères de l'Espagne toute entière.

Pour revenir à la seule parenté linguistique du basque et du béarnais, il y a deux grands faits qui militent en sa faveur. C'est, d'abord la ressemblance et même l'identité radicale des noms géographiques à tournure basque qu'on trouve dans toute l'ancienne Aquitaine, puis certaines lois linguistiques qui leur sont communes. Je ne parlerai que de ces dernières, plus importantes, à mon avis, que les premières.

En me bornant au Béarnais, qui est mon objectif spécial, et laissant de côté les autres dialectes gascons de l'ancienne Aquitaine, je constate que ces lois linguistiques communes aux Basques et aux Béarnais sont peu nombreuses, mais très caractéristiques. Elles le seraient moins si les deux langues étaient de la même formation linguistique, mais elles deviennent plus graves si l'on songe que le Basque, ou soi-disant ancien aquitain, est une langue *agglutinante*, remplaçant les déclinaisons et les conjugaisons par un système de suffixes très compliqué, tandis que le béarnais, comme toutes les langues néo latines de la Gascogne et de la Provence, est une langue à *flexion*, c'est-à-dire de formation supérieure. Du reste, il est vraiment singulier que ces lois communes dont je parle s'appliquent non seulement au béarnais et au basque, mais à tout le pays gascon ou ancienne Aquitaine, à peu d'exceptions près. Ces lois sont au nombre de cinq principales : 1° l'absence de la lettre V partout remplacée par B ; 2° de même pour F, ou supprimée ou remplacée par H aspirée ; 3° de même pour R, toujours supprimée au commencement des mots ; 4° changement de L en R dans le corps des mots ; 5° suppression de N entre deux voyelles, Je ne veux pas donner ici des exemples qui fatigueraient mes lecteurs, mais je puis affirmer qu'ayant expérimenté ces lois en faisant traduire des mots français par des mots béarnais ou Basques, j'ai pu constater leur généralité.

Ainsi, *fromage* se dit *roumadgé, fraise* du latin *fraga* se dit *raga* en Béarnais et *arraga* en Basque ; *fourmi, formica* en latin, se dit *roumiga* ou *arroumic*. Le foin, *lou bé*. La femme, *la hèmne*.

Mes lecteurs russes pourront plus tard, s'ils viennent à Pau, vérifier personnellement la justesse des cinq lois que je viens d'établir.

Or, je le demande maintenant, d'où vient que ces lois singulières, cette absence de certaines lettres, cette répugnance pour d'autres, sont communes à tous les patois de l'ancienne Aquitaine, et d'elle seule, car on ne les retrouve plus en Provence.

Dira-t-on que ces lois phonétiques sont venues du Basque et se sont imposées au Gascon voisin ? Mais, la supposition est absurde, car cela indiquerait une époque où les Basques auraient exercé une certaine prépondérance, ce qui est nié par l'histoire et surtout par la décadence successive de cette tribu, qui ne cesse de reculer devant le Gascon et le Français.

Mais voici qui est plus fort et milite en faveur du système *ibérique* de Humboldt, c'est que les cinq lois précédentes se retrouvent en Espagne dans le *biscayen*, le *catalan* et l'*andalous*. J'ai dit au commencement que dans ce système, les Ibères ou Espagnols primitifs s'étendaient jusqu'à la Garonne française.

Mais, laissons les Basques dans leurs montagnes, acceptons la supposition qu'ils sont une tribu aquitaine n'ayant pas subi la domination romaine et revenons au Béarn et à l'Aquitaine qui subirent cette domination.

Jules César, dans ses Commentaires, divise la Gaule en trois parties : l'Aquitaine, la Gaule Celtique et la Belgique. Strabon donne la même division et affirme, comme le général romain, que la langue des Aquitains est entièrement distincte de celle des Celtes et des Belges. Jusqu'ici, comme on voit, le système de M. Humboldt, ne serait pas très loin de la vérité lorsqu'il affirme que les Basques ont gardé le dépôt de la langue aquitaine. En outre, Strabon et César affirment également que cette langue aquitaine est identique à celle des Ibères, et même ils étendent le nom d'Ibérie jusqu'à la Garonne. D'après l'affirmation de ces deux anciens, l'un grand capitaine, l'autre grand géographe, la langue aquitaine aurait embrassé tout le quadrilatère compris entre l'Océan, la Garonne et les Pyrénées, à l'exception cependant de Toulouse et de Bordeaux où l'on ne trouve que des noms Celtiques dans les vielles chartes et dans les noms de géographie locale.

Quant au nombre des tribus qui composaient l'Aquitaine, Strabon en reconnait plus de vingt ; César n'en nomme que 12. Pline l'Ancien en cite quelques-unes que César ne connaissait pas et qu'il appelle dans ses Commentaires. *Nationes ultimæ*. Ces *nationes ultimæ* enclavées dans les montagnes, refusèrent de se soumettre à Rome. Selon M. de Humboldt, l'une de ces *nationes ultimæ* représente aujourd'hui les Basques.

La langue parlée aujourd'hui dans toute l'ancienne Aquitaine se nomme le *gascon*, qui se partage en deux dialectes principaux : le gascon proprement dit et le béarnais. Tous les deux sont des dialectes néo-latins ou romans, mais le Béarnais étant resté plus en contact avec les Basques, offre, avec le gascon, des différences assez nombreuses pour lui donner une place à part. Le gascon est parlé dans neuf départements qui sont : l'Ariège, la Haute-Garonne, le Tarn-et-Garonne, le Lot-et-Garonne en entier et même au-delà, du côté de la Dordogne, la Gironde, les Hautes-Pyrénées, les Basses-Pyrénées, le Gers et les Landes.

Outre les deux grandes divisions du gascon en gascon et en béarnais, on pourrait y joindre le gascon montagnard et le gascon maritime qui diffèrent beaucoup des deux premiers.

Et maintenant que j'ai exposé pour les amateurs d'ethnographie la question de la langue, j'aborderai l'étude des poésies et légendes Béarnaises.

V

En abordant la poésie béarnaise en particulier et la poésie gasconne en général, j'éprouve un certain embarras et une certaine crainte, très naturels chez un étranger qui se dispose à analyser les œuvres d'un pays qui n'est pas le sien. Car, on a beau faire et beau dire, à moins d'être né et élevé dans une littérature, quelque sentiment que vous en ayiez et quelque jugement que vous en puissiez porter, il y aura toujours quelque chose qui vous échappera ; je veux parler de *ce je ne sais quoi* qui forme la partie musicale d'une langue, le mouvement de la phrase, enfin cette sorte de respiration intime qui est la vie même. Toute langue apprise tard ressemble un peu à ces papillons que nous étudions scientifiquement sous la vitrine d'un musée où ils sont piqués d'une épingle et étiquetés avec soin. De quelques précautions qu'on ait entouré leur capture et leur emprisonnement, on a certainement terni la poussière colorée de leurs ailes diaprées. Et, ne l'eût-on pas fait, il n'en est pas moins vrai qu'il est immobile devant votre œil observateur et qu'il lui manque la grande qualité du papillon : le mouvement, la vie.

Cependant, cela n'a pas empêché des milliers de critiques faites sur les poètes grecs et latins, par des hommes qui avaient étudié ces langues mille ans après qu'elles avaient cessé de vivre, et parfois leurs jugements se sont trouvés plus fins, plus délicats, plus justes que ceux des contemporains.

C'est que dans toute œuvre littéraire il y a deux parties bien distinctes, le dessin et la couleur, la charpente et les ornements, l'ossature et les chairs palpitantes de l'organisme. La couleur peut s'échapper, mais pour apprécier le dessin, tout critique peut revendiquer ses droits de juge.

J'avais besoin de cette petite préface et de ces précautions oratoires pour excuser ma tentative de porter un jugement sur la poésie patoise du sud-ouest de la France. Depuis que la langue d'Oc a été détrônée par sa rivale du nord la langue d'Oïl, depuis que les Troubadours furent étouffés dans le sang fratricide de la guerre des Albigeois, vers 1228, cette langue cessa d'être une langue littéraire et devint un patois, depuis Bordeaux jusqu'à Marseille. Pendant six cents ans, elle est morte et bien morte. Mais voilà qu'après six siècles de sommeil, elle s'est réveillée au XIXe siècle. Des poètes de talent ou de génie se sont donné pour mission sacrée de lui rendre sa place au soleil. Quelques-uns ont acquis une réputation européenne, ce sont Mistral, à Marseille et Jasmin, à Agen. Leurs œuvres de première grandeur se sont imposées à l'admiration universelle même des peuples qui ne pouvaient en lire que des traductions. Mais à côté de ces hommes de génie, chaque province, chaque canton, a produit de nos jours des poètes remarquables qui ont consacré leur vie et leur talent à la restauration du patois local comme langue littéraire. Pour cette fois, je me bornerai à étudier ceux que le XIXe siècle a produits en Aquitaine, où j'habite.

Des neufs départements qui composent l'ancienne Aquitaine et dont j'ai donné les noms plus haut, il n'y en a que deux qui se sont acharnés de notre temps à faire revivre la langue gasconne. Ces deux départements sont celui du Lot-et-Garonne et celui des Basses-Pyrénées, ou ancien royaume de Béarn. Je parlerai d'abord de ce dernier que je connais le mieux depuis un an que je l'habite ; puis, je vous ferai connaître

Jasmin, le célèbre poète-coiffeur d'Agen, dont dernièrement j'ai visité la patrie.

Le premier poète béarnais que je trouve sur mon chemin, celui qui commença la résurrection de la langue après six siècles de sommeil, s'appelait Despourrins, et aujourd'hui encore les Béarnais en masse n'en connaissent pas d'autre, quoique le XIX. siècle en ait produit toute une pléiade plus ou moins remarquable. La popularité de Despourrins tient moins à la supériorité de son talent qu'à cet heureux hasard d'avoir laissé une chanson populaire. Tous les poètes, même les poètes de génie, n'ont pas eu de ces bonnes fortunes.

Despourrins eut donc cet heureux hasard. La pièce qui lui a valu cet honneur, et la seule dont je parlerai comme exemple et modèle de ses poésies, a pour titre : *Là-haüt sus las mountanhes*. C'est, je crois, le chant le plus populaire de tous ceux qu'on peut entendre en Béarn. C'est une pastorale dans le genre de Théocrite et de Virgile et certainement la meilleure qui soit sortie de la plume de Despourrins. En la lisant, on saisit tout de suite les qualités et les défauts des poètes bucoliques que le Béarn a produits. Les qualités sont la grâce et l'esprit, qui, du reste, appartiennent à la race.

Aucun poète béarnais ne les a possédées au même degré que lui. N'oublions pas qu'il vécut vers la fin de ce charmant XVIIIe siècle auquel on ne peut refuser cette simplicité gracieuse qu'il imprima à toutes les poésies légères. Il est même à supposer que Despourrins, quoique écrivant des bergeries montagnardes, connaissait les Anacréon ou les Théocrites de l'époque, les Parny, les Chaulieu, les abbé de Bernis. De petit paysan, il s'éleva au rang de chevalier, et un riche mariage le rapprocha de la noblesse. On sent en le lisant que ses naïves pastorales manquent de naïveté, — les passions même qu'il donne à ses pasteurs et à ses bergères sont un peu trop celles des villes, — en un mot que son éducation personnelle a déteint sur ses idylles champêtres. Sans chercher loin des preuves du fait que j'avance, je les trouve dans son vrai chef-d'œuvre le plus parfait, je veux dire : *Là-haût sus las mountanhes*. Le berger malheureux pleure ses amours et l'abandon de sa bergère, ce qui revient souvent dans les poésies de Despourrins. Mais savez-vous pourquoi la traîtresse l'a quitté et va *flirter* avec un autre *pastou?* Sans doute, direz-vous, comme dans les pastorales de Théocrite, parce que le nouvel amant joue mieux de la musette ou fait de meilleurs fromages.

Ah ! bien, oui, il s'agit bien de cette simplicité primitive dans Despourrins ! *Elle m'a quitté*, dit le pauvre amant, *parce que ma maison n'a qu'un seul étage*.

Mais, si ce trait est malheureux dans une idylle

montagnarde, la strophe suivante est charmante et nous ramène à la vérité poétique ; c'est celle où le pauvre berger remarque que *même les moutons de la cruelle ne regardent plus les siens, sinon pour les frapper à coups de corne*. C'est dommage qu'on ne rencontre pas plus souvent cette naïve nature dans Despourrins ! Quant à son style, quant à l'harmonie, à la sobriété classique de ses pièces, aucun poète béarnais ne l'a, je ne dis pas surpassé, mais seulement égalé, pas même le moderne Navarrot, auquel la ville d'Oloron vient d'élever une statue.

Une autre observation qu'on ne peut s'empêcher de faire en lisant Despourrins, et même tous les poètes Béarnais, c'est l'absence presque complète de paysage et surtout de paysages montagnards. Despourrins et les autres ont de fort jolis tableaux de genre, mais il y manque de cadre et surtout la couleur locale. On pourrait dire de ces petits poèmes ce qu'une femme d'esprit disait de la *Henriade* de Voltaire : il y a dans ce poème soi-disant épique quelques centaines de chevaux qui figurent dans les batailles du héros, mais il n'y a pas assez d'herbe pour un seul de leurs repas. Si pourtant on a quelque droit à trouver des descriptions montagnardes, c'est dans des poèmes montagnards. Eh ! bien, en lisant ceux-ci, vous ne sauriez deviner ni dans quel pays se passe la scène, ni à quel coin de l'Univers appartiennent les héros. C'est du classicisme à la cinquième puissance.

Les classiques avaient pour la couleur locale un tel mépris, que dans quelques-unes de leurs tragédies on n'avait qu'à changer les noms des personnages, pour que la pièce devint tour-à-tour grecque, romaine ou turque. On voit bien que Despourrins a vécu dans ce temps-là et a connu cette littérature de décadence. Sans cela, à tous ses mérites, qui sont fort grands, il aurait joint celui qui est le premier de tous dans des pastorales montagnardes, je veux dire la nature ambiante.

Mais du reste, ce reproche on peut l'adresser à tous les poètes béarnais. La Providence leur a donné le panorama le plus splendide qu'il y ait au monde. Je veux dire cet amphithéâtre de montagnes que tout Béarnais peut voir, de chaque point de son département, coupant tout l'horizon d'un océan de monts et de pics d'une variété incomparable : mais le proverbe que *nul n'est prophète en son pays* peut aussi s'appliquer aux Pyrénées.

La mer a, dans tous les temps, trouvé des chantres et des amoureux. Pour ne parler que des modernes, Autran, le poète marseillais, est entré à l'Académie française porté triomphalement par les *vagues de ses beaux poèmes de la mer*. Les montagnes n'ont jamais eu cette bonne fortune, et la raison en est, je crois, en ceci que la mer est une beauté vivante qui semble partager nos passions, tandis que les monts... Mais je n'achève pas, car je m'exposerais à un démenti passionné de la part d'un anglais très célèbre à Pau, que l'on appelle le Robinson des Pyrénées et qui a écrit sur elles un vrai livre d'amoureux.

VI

J'ai terminé mon précédent chapitre par un point de suspension et une réticence qui a pu intriguer quelques-uns de mes lecteurs. En observateur fidèle, il me semble que je leur dois quelques mots d'explication sur cet anglais célèbre que l'on appelle, tantôt le *Robinson,* tantôt l'*amoureux* des Pyrénées. Il s'appelle le comte Russell. Il y a quelque vingt-cinq ans qu'il habite Pau, je veux dire que Pau est son pied-à-terre, son quartier général, où il vient se reposer, entre deux expéditions ou deux visites à ses chères Pyrénées.

Il était fort jeune et mourant, lorsqu'il vint en Béarn chercher une guérison que nul des siens n'osait espérer.

La guérison arriva cependant, et ce n'est pas un des moindres miracles opérés par le climat de Pau. M. le comte Henri Russell s'y est fixé par reconnaissance, et il y est regardé comme un vrai Béarnais. Doué de jambes d'acier, il a parcouru toutes les montagnes comprises dans trois départements limitrophes, les Basses-Pyrénées, les Hautes-Pyrénées et la Haute-Garonne. Il n'y a pas un pic, pas une gorge qu'il ne connaisse. Les pâtres et les guides des Pyrénées, des Eaux-Bonnes à Luchon, le regardent comme le plus terrible marcheur qui ait jamais paru dans ces régions. En fait d'oréographie Pyrénéenne, son jugement fait autorité.

Un alpiniste passant à Pau, un amateur d'excursions hardies serait déshonoré parmi ses pairs, s'il ne faisait pas la connaissance du Robinson des Pyrénées. Seulement, si c'est en été, il devient difficile de le rejoindre, et vous pourriez escalader vingt pics avant d'y parvenir. On vous dit qu'il est à sa grotte du Vignemale, à 3.000 mètres de hauteur ; vous faites l'ascension, vous arrivez à la grotte célèbre ; vous ouvrez la porte qui défend les voyageurs contre les attaques des ours pendant la nuit ; vous entrez, il n'y a plus personne, le comte est parti pour la *Maladetta* à Luchon. Un billet fixé à un clou vous en informe. Vous redescendez vers *Gavarnie*, après avoir bu quelques gorgées de l'excellent *rhum* que Robinson laisse toujours sur la table pour les visiteurs imprévus. Vous filez vers Luchon, vous escaladez la Maladetta ; un berger vous apprend que le terrible Juif-Errant est en Espagne à la recherche d'un passage inconnu, dont il veut être le Christophe-Colomb.

Pour revenir à mon point de départ, qui était, je crois, le proverbe : *Nul n'est prophète dans son pays*, je constate que si les Pyrénées n'ont pas trouvé dans les poètes béarnais un seul peintre qui se soit occupé d'elles, elles ont trouvé leur Homère dans un livre du comte Russell, qui a pour titre : *Souvenirs d'un Montagnard*. De même qu'Autran, le poète marseillais, a chanté la mer sous ses aspects, de même ce voyageur singulier a peint les Pyrénées avec les physionomies diverses qu'elles prennent aux différentes heures de la nuit et du jour. Et avec quelle poésie dans sa prose colorée ! avec quel amour et quel enthousiasme ! Il faut le lire pour le croire. Pour le comte Russell, les pics ont des formes vivantes, un cœur, une âme. Là, ce mont où reste encore un léger bandeau de neige et qui a été frappé de la foudre, lui apparaît comme le front d'un ami ou d'un héros blessé dans la bataille et à qui la bonne nature a appliqué une bandelette de lin blanc sur sa blessure. Ici, de tel autre pic monte un nuage blanc, comme d'un autel monte l'encens du sacrifice.

Plus loin, l'amoureux remarque avec joie toute une pléiade de petits lacs qui, sur un plateau, forment une sorte de voie lactée d'un nouveau genre. Quelques-uns se sont écartés du groupe *et, comme des écoliers en goguette, ont l'air de faire l'école buissonnière*. A chaque pas, à chaque ligne, vous trouvez de ces coups de pinceau qui révèlent la tendresse de l'amoureux pour ses chères Pyrénées. Jamais femme ne fut mieux aimée et mieux *chantée*. J'ai prononcé le mot de *femme ;* le mot est juste et convient admirablement à l'amour de cet étrange excursionniste.

Il y a même une page, la dernière du volume dans la première édition, où l'amoureux faisant la comparaison des Alpes et des Pyrénées dit : *Si les Pyrénées sont moins massives, moins neigeuses que les Alpes, elles ont une grâce, une mollesse de contours, de chaudes couleurs et un soleil que la Suisse ne connaît pas. Les Alpes représentent l'homme, les Pyrénées représentent la femme*. Toute cette page est charmante. Je serais heureux vraiment d'avoir donné à ce livre curieux un lecteur de plus, car je ne connais rien de plus sain que les spectacles de la nature vus avec les yeux du corps ou présentés à l'imagination par une plume éloquente et amoureuse des œuvres de Dieu.

Après cette longue digression qui nous éloigne un peu des poètes Béarnais, j'ai presque le sentiment d'avoir accompli un devoir de reconnaissance envers ces pics adorés qui, de ma chambre m'ont souvent fait passer de si douces heures. Ils sont tous là à l'horizon ; de ma fenêtre, je puis les compter et les nommer, comme les femmes troyennes, du haut des murs de Troie, se nommaient les unes aux autres tous les généraux grecs qu'on reconnaissait à leurs panaches flottants. Je n'ai à côté de moi ni Pâris ni Hector pour me les nommer et me raconter leur histoire ; mais en revanche, j'ai une carte des Pyrénées et le volume du comte Russell. Grâce à ces deux excellents guides, c'est une distraction enchanteresse, le matin, aux premiers feux du jour, ou le soir aux rayons du crépuscule, de les revoir, et de causer avec eux, à la distance de quarante ou soixante kilomètres qui me séparent de ces doux amis. J'ai d'autant moins de regret d'avoir interrompu mon étude littéraire et d'avoir acquitté envers mes chères montagnes ma petite dette de reconnaissance, que Navarrot les a négligées plus encore que Despourrins. Plus loin je reviendrai à ce poète tout moderne qui fut avant tout un poète satirique et comme la menue monnaie de Béranger qui a été visiblement sa Muse inspiratrice. Je vous laisse à penser si le voisinage et la fréquentation du très classique Béranger a pu inspirer à Navarrot l'amour de la nature ! Béranger n'a peut-être pas vingt vers consacrés à la description. Si elle apparaît quelquefois, dans ses poèmes, c'est une simple phrase jetée en passant, comme cadre de tableau, à la façon d'Homère qui vous bâcle un paysage avec quelques mots comme ceux-ci : *l'aurore aux doigts de rose venait d'entr'ouvrir les portes sacrées de l'Orient*. Puis cette phrase faite, il passe à ses héros.

Comme vous le pouvez voir, j'ai une dent de lait contre les poètes Béarnais qui n'ont pas eu l'air de s'apercevoir de la poésie de leurs montagnes. Ils ont mille autres qualités ; mais, enfin, il leur manque celle-là, et je crains que dans nos jugements littéraires l'esprit le mieux intentionné ne soit, à son insu, la dupe du cœur.

VII

PLUS j'avance dans mon étude sur la langue et la poésie béarnaises, plus je m'y attache et plus j'y trouve de plaisir. Ces deux choses font tellement partie d'un peuple, elles sont tellement ce peuple même, qu'il me paraît bien difficile pour un touriste-observateur de séjourner longtemps chez un peuple sans tourner son attention de ce côté.

Pour le moment, je vous parlerai de Navarrot, qui passe, aux yeux des Béarnais, pour le plus grand poète depuis Despourrins, mort à la fin du siècle dernier.

Ce n'est plus un poète de bergeries, mais un vrai satirique dans le genre de Béranger dont il fut le contemporain et l'ami. Mes pauvres montagnes seront encore plus absentes que chez les autres poètes Béarnais.

Mais au moins ici le poète a pour excuse assez légitime la nature même des sujets qu'il traite où le paysage n'a rien à voir. Je ne sache pas que Béranger, le modèle de Navarrot, ait mis beaucoup de descriptions de la nature dans ses satires: tous les deux pourraient nous répondre : *non erat hic locus.*

Il est vrai que si Navarrot avait eu dans son clavier la fibre descriptive, il aurait cent fois trouvé moyen de lui faire sa part dans des poésies de circonstance, dans de petits poèmes purement locaux qui composent le tiers de ses œuvres, tels que : *Un bal champêtre, La visite pastorale de l'Évêque de Bayonne, Un baptême, Un mariage,* auquel il est invité. Mais enfin, il n'y a rien à faire, cette fibre manquait et il faut en prendre notre parti.

J'arrive donc au satirique, et je lui demande ce qu'il a dit à ses compatriotes.

Le volume de ses œuvres contient presque par égale partie des pièces en patois et en français. J'avoue que les vers français de Navarrot me sont plus accessibles que les autres. et ces derniers probablement doivent avoir avec les premiers un certain air de famille. En effet, le poète avait fait, à la Faculté de Paris, des études sinon brillantes, au moins assez complètes pour le conduire au doctorat en droit.

Docteur en droit et parisien, c'est plus qu'il n'en faut pour supposer que le français du savant aura influé un tantinet sur le patois du Béarnais, de même que la société aristocratique où Despourrins était entré par son mariage, dut nécessairement altérer la simplicité de son inspiration montagnarde.

Comme nous le voyons dans ses œuvres, et dans la chronique locale, encore très fraîche puisque le poète est mort en 1864, Navarrot fut ce qu'on appelait, en 1830, un type du *vieil étudiant* qui voit passer trois ou quatre générations d'écoliers avant d'arriver au grade d'avocat ou de médecin. Ce type était très à la mode au temps de Navarrot, et il n'a pas l'air d'en rougir beaucoup dans ses vers. Il paraît cependant qu'à la fin des fins, la Faculté accorda son grade de docteur à ce vieux brisquard des écoles. Il y a même dans ses œuvres françaises une jolie pièce fort bien tournée où il supplie la Faculté de le recevoir *ne fût-ce que pour rire.* Ces derniers mots forment le refrain des cinq ou six couplets de la pièce. Je n'ai pas besoin de vous dire que *son doctorat* fut accepté à Oloron, sa patrie, *comme un doctorat pour rire,* et les Béarnais, gens très positifs et très fins avant tout, se seraient bien gardés de lui demander des consultations sur leurs affaires et sur leurs procès. Du reste, notre irrégulier avait assez de fortune personnelle pour consacrer tous ses loisirs aux Muses, sans aucun souci du pain quotidien.

Quelle fut la source de l'inspiration satirique de Navarrot ? Quel fut le premier choc qui donna le branle à sa Muse ? C'est lui-même qui nous l'apprend dans une pièce française. On va voir que de tout temps ce fut un *mécontent* et un *révolté*. Cette pièce est dirigée contre lé doyen de la Faculté de Paris qui, sans doute, en sa qualité de vieux professeur, réservait ses tendresses et ses indulgences aux écoliers rangés et laborieux et non aux indisciplinés comme Navarrot. Dans la première strophe de cette pièce il dit :

> Un dépit m'a rendu poète ;
> Le besoin de montrer la dent
> Donne de l'esprit au plus bête,
> Moi, j'eus à fronder *un Pédant.*

C'est donc un révolté De la révolte contre ses maîtres d'école à la révolte contre les rois, contre la société, il n'y a qu'un pas. Une fois qu'on a pris le pli, c'est fini pour toute la vie ; au lieu de s'amender, on y apporte une sorte de coquetterie, on s'y cramponne comme à un drapeau sacré. C'est l'histoire de bien des existences. Je ne jette pas le blâme sur ces carrières qui ont leur utilité dans la marche en avant de la civilisation et du progrès ; je fais simplement de l'histoire.

Quel fut l'horizon satirique des chansons de

Navarrot, soit patoises, soit françaises ? Cet horizon est de la même nature que celui de Béranger, mais naturellement moins vaste. Béranger est à Paris, il tâte vingt fois par jour le pouls à la capitale des idées, et à chaque évènement la chanson hardie, moqueuse, part de son cœur, comme un trait qui siffle aux oreilles du gouvernement et frappe au cœur quelque ministre. Navarrot est en province, au cœur des montagnes où les nouvelles, en ce temps-là, arrivaient cinq ou six jours en retard. Il fait écho aux poésies de Béranger, mais ce n'est qu'un écho affaibli.

La plupart de ses chansons satiriques sont dirigées contre des ridicules locaux, comme on doit s'y attendre. Il veut à sa façon réveiller la liberté endormie, ouvrir les vastes horizons du suffrage universel et même du socialisme. Cependant, ça et là, on trouve dans ses œuvres, comme des échos affaiblis, les vieilles rengaines de Béranger en 1830, sur la Pologne, sur la fraternité des peuples, sur l'abaissement des frontières, en un mot, toutes les défroques libérales que le socialisme moderne a ramassées.

Ses chansons les plus hardies remontent à l'époque paisible du roi Louis-Philippe. Il faut reconnaître que les lauriers mérités par le courage du poète diminuent un peu de qualité, si l'on songe que ses vers s'adressent au gouvernement du roi bourgeois qui avait pour coiffure favorite, à la promenade, une casquette à large visière et pour arme redoutable un parapluie, et si, d'un autre côté, l'on mesure sur la carte la distance qui sépare Paris et les Pyrénées.

Notre poète n'aurait peut-être pas mieux demandé que de voir sa Muse acquérir un nouveau fleuron, le plus beau pour une Muse satirique, je veux dire celui de la persécution.

Mais les deux raisons données plus haut l'ont privé de cette gloire. Peut-être même le poète ne l'a-t-il pas sérieusement voulue, car même sous le plus pacifique des gouvernements, quand on le veut bien décidément, il y a toujours moyen de se payer le luxe de quelques jours de prison.

Le bon moment pour Navarrot, s'il avait bien décidément voulu goûter de la persécution, ce n'était pas celle du roi à la casquette et au parapluie, c'était celle de Napoléon III, après le Coup d'État, et le reste. Là il était sûr de son affaire. Seulement, la prison alors n'était pas à Pau, ou aux environs, sous le beau ciel du Midi ; elle était à Lambessa, en Afrique, ou en exil. Il fallait y regarder à deux fois avant de jouer cette grosse partie.

Navarrot avait une charmante retraite à Lucq de-Béarn, près d'Oloron, une sorte de Tibur avec la *mediocritas aurea* d'Horace. Eh ! ma foi ! que vous dirai-je ? il n'est pas donné à tout le monde d'être taillé en héros. Le poète romain, Horace, nous avoue sans rougir et même avec un peu de rire cynique, qu'il fut le premier à fuir à la bataille de Pharsale pour sauver sa peau à laquelle il tenait un peu.

Navarrot remisa ses foudres pendant tout l'Empire depuis 1852 à 1864, année de sa mort.

Aussi, les chansons satiriques de cette époque sont très anodines dans notre poète. Cependant, il en est deux, l'une composée en 1851, après le Coup d'État ; l'autre vers 1855, au retour d'un de ses amis, proscrit de Décembre, qui avait profité de la première amnistie pour revoir *lou bèt ceü dè Paü*. La première a pour titre *L'oiseleur et les hirondelles*. L'allusion, vous l'avouerez, n'était pas très dangereuse. Elle passa inaperçue ; seuls quelques amis au courant de l'intention purent en savourer les traits inoffensifs. Si, quittant la politique, je voulais regarder cette élégie charmante au point de vue purement littéraire, je dirais que c'est une des plus jolies choses qui soient sorties du cœur de Navarrot. Elle rappelle vaguement un chant de Jasmin, le poète-coiffeur, d'Agen, sur les Polonais de 1831 réfugiés en France :

Sèn d'aouzelous brigailhatz per l'aouradgé
Frays cha bous aous boutat nous a l'assès !

Je ne sais même pas si la victoire poétique n'appartient pas à Navarrot ; et, certes, ce n'est pas une petite victoire quand on a pour adversaire le grand poète agenais, le plus grand après Mistral et peut-être même plus grand que lui.

En 1855, en plein Second Empire, Navarrot composa une seconde chanson satirique pour fêter le retour d'un jeune sous-lieutenant, Claverie, de Gan, qui revenait de Lambessa. Cette fois encore, il abrita son courage sous le titre anodin et sous l'aile protectrice de l'*Hirondelle* qui l'avait si bien abrité après le Coup d'État. Comme morceau poétique, c'est délicieux et rappelle le *Captif au rivage du Maure*, de Béranger. Mais, comme satire politique, les ennemis de l'Empire ne durent pas être très satisfaits de leur champion. En effet, chaque strophe chante le retour des hirondelles tout simplement, et pourrait se rapporter aussi bien à tous les pays.

VIII

NAVARROT et Despourrins sont les deux poètes qui peuvent résumer à eux deux toute la poésie béarnaise, au moins pour ceux qui n'ont ni le temps ni la vocation de posséder par le menu tous les noms célèbres d'une littérature. Si parmi mes lecteurs, il y en avait qui voulussent pousser plus loin leurs études sur cette partie si intéressante de la France méridionale, je leur signalerai le recueil des Poésies béarnaises publié à Pau, par E. Vignancour, qui, de 1820 à 1825, parcourut tous les villages de la vallée d'Aspe et devint l'Homère patient et ingénieux de cette épopée pyrénéenne.

Les amateurs de poésies et de traditions populaires doivent une reconnaissance toute particulière à ce patient lettré qui, pendant cinq ans, a recueilli sur les lèvres des montagnards la plupart de ces chants conservés par la tradition. Il faut être lettré et amateur pour comprendre ce qu'il a fallu à cet homme, de pitié filiale, pour reconstituer ces fragments épars et en devenir le rhapsode national. Heureusement, que dans E. Vignancour, le savant était doué d'un poète. Sans cette heureuse alliance de deux qualités rarement réunies, la reconstitution montagnarde eût été impossible.

Si jamais je devais donner à mes études béarnaises l'extension qu'elles comportent, si je voulais consacrer quelques pages à chacun des nombreux poètes patois que j'ai dû passer sous silence, je n'aurais garde d'oublier les poésies de E. Vignancour qui a montré dans plusieurs pièces une piquante originalité, notamment dans son fragment sur la naissance et l'enfance d'Henri IV et dans une pastorale délicieuse ayant pour titre : *Le mal d'amour*. Despourrins n'a rien de plus naïf que cette consultation d'un vieux docteur à une jeune bergère. Mais je ne puis m'attarder plus longtemps en Béarn ; l'Agenais et Jasmin me réclament.

Le second foyer poétique de la langue gasconne du XIXe siècle a été l'Agenais, et surtout la capitale de cette province, Agen, l'ancien *Agi-*

num de Jules César. Le Béarn est séparé de ce département par l'Armagnac ou département du Gers. Mais, à voir les infinies différences ethnographiques qui caractérisent les populations de ces deux pays si voisins, on dirait que des milliers de lieues les séparent.

Je vous l'ai dit du reste précédemment, les Béarnais ayant vécu d'une vie entièrement distincte dans leur petit royaume, sans commerce et sans industrie, par conséquent sans relations avec leurs voisins, ne possédant encore aujourd'hui, en fait de chemins de fer, que les grandes lignes de Toulouse et de Bordeaux qui ne font que les traverser sans aucun rayonnement ou presque, à l'intérieur, les Béarnais, dis-je, ont gardé une figure distincte qui en fait presque une race à part dans la grande famille gasconne ou aquitaine. Leurs voisins immédiats eux-mêmes de l'Armagnac n'ont avec eux d'autres points de ressemblance que quelques analogies de manières et de coutumes locales, sans que ces analogies, tout extérieures et à fleur de peau, touchent en rien à la forme des âmes. Pour ne parler que d'un seul trait, la *finesse béarnaise*, l'*habileté béarnaise* redoutée et proverbiale à tous les marchés et à toutes les foires du sud-ouest, vous ne la retrouvez plus dès que vous touchez à l'Armagnac. Elle est remplacée par une certaine rondeur, et je ne sais quoi de plus coulant en affaires et en relations.

L'Empereur Pierre-le-Grand avait une très haute de la finesse du paysan russe. Un jour qu'un idée de ses conseillers lui proposait de chasser les Juifs : Pourquoi donc, dit l'Empereur ? — Parce que, en affaires, ils peuvent tromper et ruiner nos paysans. — Nos paysans ! s'écria l'Empereur, il faudrait dix Juifs pour en rouler un seul !

Si l'on avait fait la même proposition à Henri IV, nul doute qu'il n'eût répondu la même chose.

Mais trêve de reflexions, et entrons dans l'Agenais, ce charmant département traversé de part en part par la Garonne, qui le partage en deux parties à-peu-près égales.

Pour y arriver de Pau, il faut traverser deux départements, les Hautes-Pyrénées et l'Armagnac.

Par Tarbes et Auch, c'est un voyage de six heures environ, en train omnibus.

Agen est une ancienne petite ville, bâtie d'une façon fort irrégulière et où l'on montre encore des maisons bourgeoises remontant aux Romains. Telle était celle où naquit Ste Foy, la vierge martyre d'Agen, laquelle maison a disparu, il y a trois ans, emportée par la percée d'un grand boulevard qui part de la statue du poète Jasmin et va aboutir à l'autre extrémité de la ville. La chambre où naquit et vécut la sainte, qui était d'origine patricienne, a été achetée par un amateur qui a recueilli soigneusement les matériaux de démolition et l'a fait reconstruire à un autre endroit avec une piété filiale d'antiquaire et de croyant. J'engage beaucoup mes compatriotes qui viendront à Pau, à faire un pélerinage à la patrie du grand poète Jasmin, dont je me propose de traduire en russe non des extraits, mais un poème tout entier, un de ces poèmes populaires tout pleins, *tout claoufitz*, comme on dit à Agen, de larmes, de *sourires mouillés*, comme dans Homère, en un mot de mouvement et de vie. J'avoue que la lecture de ses œuvres m'a donné une vraie jouissance littéraire. Et je comprends le mot de Villemain, le grand critique français de 1830, disant : « Je ferais cent lieues pour lire un poème de Jasmin, même traduit en français médiocre. »

Mais je crois que pour bien apprécier cette fleur poétique, il faut venir à Agen même, et en respirer le parfum non-seulement dans les œuvres du poète, mais encore, mais surtout sur les lévres des habitants Agenais. C'est là que brille dans sa modestie et sa pauvreté, parmi de splendides maisons modernes la maisonnette basse et étroite où vécut Jasmin. La ville, fière de cette gloire peu ordinaire au XIX siècle, veille avec soin à la conservation de cette masure qui fut la boutique de coiffeur de Jasmin père, puis de Jasmin, fils, notre poète. Par coquetterie, il a voulu continuer à y coiffer, et même à y raser, jusqu'à la fin de sa vie. La première édition de ses poèmes, faite par lui-même à Agen, porte le titre original de : *Las Papillotos*, ce qui, en patois gascon de Pau ou d'Agen, signifie : *Les boucles de cheveux*. Parmi mes amis de France, je connais un vieux professeur qui a connu le poète au temps de sa gloire, étant alors lui-même à l'heure des enthousiasmes de la vingtième année. C'est par ses conseils que j'ai commencé cette étude ; et comme il a traduit en vers français encore inédits la plupart des poèmes de Jasmin, je mettrai à profit son manuscrit, concurremment avec le texte original et les traductions en prose qui en ont été faites par centaines.

Avant d'aborder la biographie et les œuvres de ce grand troubadour gascon, je devrais faire une courte étude de la langue de Jasmin, qui diffère notablement du béarnais. Mais je me bornerai, pour les amateurs, à signaler les différences les plus saillantes. Celles qui m'ont le plus frappé se réduisent à deux. Premièrement : les mots latins sont mieux conservés en béarnais avec toutes leurs lettres radicales. Dans le patois agenais, ils ont subi des transformations qui les rapprochent du français et les rendent plus accessibles à des oreilles étrangères déjà habituées à la langue française. Secondement, les quatre principes que j'ai indiqués comme communs au basque, au béarnais et à tout le gascon aquitain ne s'appliquent pas tout-à-fait à l'agenais. Ainsi, la répugnance pour la lettre F disparaît déjà en Armagnac, en approchant du Lot-et-Garonne, et à Agen disparaît entièrement. Plus on avance dans l'intérieur vers le Nord, sur la rive droite de la Garonne, plus l'F triomphe sur toute la ligne, et j'avoue, pour ma part, que l'euphonie y gagne, car pour toutes les oreilles il sera plus doux d'entendre en Agenais les mots *fa* (faire), *fé* (foin), *fraï* (frère), que les mêmes mots béarnais *ba, bé, raï*. Quant à l'absence absolue du V et à son remplacement par B, la loi est la même en Agenais que dans tout le Béarn, le pays Basque et Gascon : *bous* (vous), *baou* (je vais), etc.

Quant à la physionomie même de la langue, quant à ce mouvement mélodique, que chaque canton imprime à une nouvelle langue, quant à cette musique intérieure qui fait d'un patois identique un idiome dur ou suave, selon les lèvres qui le prononcent, il faut entendre tour à tour les gamins de Pau et d'Agen, les marchandes de légumes aux halles de ces deux villes. Ou mieux encore, il fallait entendre Jasmin lui-même déclamant ses poèmes dans ses tournées littéraires, et arrachant des larmes d'émotion et d'admiration aux parisiens eux-mêmes, qui n'entendaient pas un mot de sa langue harmonieuse, mais voyaient éclore et voltiger les idées avec les mots sur les lèvres du troubadour.

Tous les ans, au mois de mai, comme autrefois les troubadours de la province, Jasmin quittait sa boutique de coiffeur et s'en allait de ville en ville, pour réciter, devant les populations enivrées, les poèmes composés pendant l'hiver. Pau Tarbes, Auch, Toulouse, Montauban, Marseille, toutes les villes du Midi, de l'Océan à la Méditerranée, l'applaudissaient et le regardaient comma leur enfant. Dans une de ses tournées à Paris, le grand Lamartine, alors à l'apogée de sa gloire, alla à sa rencontre et le salua en disant :

— Je te salue, premier poète de la France.

Notre gascon, très spirituel, comme tous ses compatriotes, répondit aussitôt :

— *Acos trot leü mé fa toun érétè.* — Ce qui signifie : *C'est trop tôt me faire ton héritier.*

IX

On doit reconnaître qu'une des grandes qualités de Jasmin, c'est d'être poète populaire sans aucune accointance avec le français. En effet, comme il nous l'apprend lui-même, dans *Mas soubenis* (Mes souvenirs), ses études n'allèrent que jusqu'en septième, c'est-à-dire aux éléments de la grammaire. Quant à sa famille, elle était de la dernière classe du peuple, car, nous racontant la mort de son grand-père à l'hôpital d'Agen, le poète nous dit : *acos aki qué lous Jasmins moren*. (C'est là que les Jasmins meurent).

Aussi, dès que sa Muse commença à battre des ailes, les sujets qui hantaient l'imagination du jeune perruquier, c'étaient des sujets populaires dont il avait été le témoin ou qu'il tenait de la légende locale. Touchants poèmes, parfois gais, plus souvent tristes, comme l'est toujours l'histoire des pauvres, mais exprimant merveilleusement les grandes qualités des petits, je veux dire la patience, la résignation, l'honnêteté et la sympathie. C'est toujours la même histoire : beaucoup de larmes et quelques rayons de joie ; mais, sur tout cela plane la grande et douce consolation chrétienne. Je me hâte, de peur de l'oublier, de signaler cette note caractéristique des poèmes de ce grand homme : la note chrétienne. Cette note il ne la perdit jamais et, lorsque Renan publia sa Vie de Jésus, Jasmin, déjà près de la tombe, écrivit à l'auteur une splendide apostrophe en vers, le traitant d'assassin qui vient, dans l'ombre et sans pitié, tuer au cœur des pauvres et des souffrants l'*Espérance, la douce espérance évangélique qui leur rendait le joug du malheur léger et le fardeau plus doux*. La lettre est en vers français, car on voit que le poète veut être lu de Renan et s'inquiète de faire une belle action plus que de s'exposer aux critiques des littérateurs de profession.

J'ai déjà parlé des excursions triomphales de ce grand poète à travers les villes du Midi, mais je n'ai pas dit quel en était le but. Ce but, sans doute, direz-vous, c'était de faire cette moisson d'éloges, d'applaudissements et de gloire, ambition légitime du génie. Je suppose que cette ambition avait sa part dans les mobiles qui faisaient sortir Jasmin de sa boutique à l'arrivée de la première hirondelle. Mais il y en avait un autre aussi, et le premier peut-être dans ses préoccupations. C'était de demander à son talent, à son travail les centaines de mille francs qu'il lui fallait pour subvenir à ses bonnes œuvres. Ce Pauvre avait ses pauvres qu'il nourrissait, ce Petit avait ses orphelins et ses malades. Que dis-je ! avec l'or glané dans ses courses de Troubadour, il a fondé un hôpital qui porte son nom, et bâti une petite cathédrale dans un hameau qui compte à peine quatre cents âmes. L'histoire de cette cathédrale forme un des plus touchants épisodes de la vie de notre poète. Il aimait à la raconter, et toujours avec des larmes ; car c'était encore un des traits de cette nature exubérante, il avait les pleurs faciles.

Voici cette simple histoire. Un vieux prêtre était désolé de la pauvreté de son église qui tombait en ruines et qui, aux jours de grande fête, était trop petite pour contenir tout son troupeau. Son rêve était de ne pas mourir sans avoir bâti un nouveau temple, à la gloire de Dieu. Plein de son idée qui était à la longue devenue sa manie, il va trouver le poète et lui expose timidement son ambition. Jasmin, saisi d'une soudaine inspiration, se met en campagne, traînant à la remorque de sa gloire le pauvre prêtre tout ahuri. La campagne fut un triomphe continuel. Les dames enthousiasmées après une séance poétique, jetaient leurs bijoux, leurs colliers, leurs bracelets dans la sébille du poète apôtre. Quelques années après, la petite cathédrale était bâtie. Plusieurs évêques voulurent assister à sa consécration, et Jasmin déclama après le diner une de ses plus belles pièces : *La Gleyso*. L'endroit le plus touchant de ce poème, c'est celui où le poète se souvient des bienfaits dont l'Église l'avait secouru, lui et les siens, quand il avait froid et faim, quand il était nu. *Comme une bonne mère,* dit-il, *l'Église m'a vêtu, il faut bien que je la rêvête à son tour, maintenant que je suis grand.* Il faut lire tout au long cette admirable pièce dans les œuvres de Jasmin. Les amateurs de littérature populaire apprendront avec plaisir que l'an dernier, pendant les fêtes de Pâques, l'édition définitive de tous les poèmes de Jasmin a été fêtée à Agen avec un éclat extraordinaire. Elle comprend six volumes, avec la traduction française en regard.

Malgré tant d'argent gagné par le poète, malgré la couronne d'or que lui décernèrent la ville de Paris et le roi Louis-Philippe, Jasmin mourut pauvre, en 1860, et la Ville dut pourvoir aux frais de ses funérailles qui furent celles d'un roi. En outre, une statue lui a été érigée sur *le Gravier*, presque vis-à-vis sa modeste boutique qui porte encore son enseigne et son nom.

Cependant, un jour, ce glorieux pauvre devint propriétaire. Il acheta une vigne *grande comme quatre draps de lit*, ainsi qu'il le dit lui-même dans sa pièce adorable intitulée : *Ma Bigno*. Le passage le plus touchant, c'est celui où il parle de la clôture qu'il a mise à son vignoble pour le défendre des petits maraudeurs. Cette clôture unique, c'est un *buisson qu'un petit enfant peut aisément écarter du pied*. Quand le poète entend les petits maraudeurs entrer dans la vigne où il se trouve par hasard, il va se cacher pour ne pas leur faire peur, se souvenant lui-même de ce qu'il faisait quand il était petit maraudeur aussi.

Tous ces traits, et mille autres qu'on trouve en le lisant, font aimer l'homme encore plus que le poète. Il avait pour femme une fille du peuple encore plus ignorante que lui, puisqu'il avait appris à lire et à écrire, Dieu sait comment. Elle s'appelait *Janounetto*. Toute simple qu'elle était, il ne lançait jamais un nouveau poème sans le lui lire, à elle la première, et le goût de cette femme était si pur, son émotion si vraie, que Jasmin acceptait ses jugements, sans appel, pour les corrections à introduire. *Janounetto* a survécu de vingt ans à son mari, vivant très à son aise d'une pension de quatre mille francs que lui faisait l'État.

Le fils unique de ce génie populaire a fait un riche mariage et est devenu un gros fabricant de bouchons, à Angoulême, je crois.

Telle fut la vie de cet homme simple et grand. Quant à ses grands poèmes : *Marthe l'idiote, L'Aveugle de Castelcuilhé, Les deux Jumeaux, La Semaine d'un fils*, pour ne citer que les plus populaires, ils ont été traduits ou imités dans plusieurs langues et notamment en anglais par Longfellow dont le talent ressemblait beaucoup à celui du poète agenais. Comme je l'ai déjà dit, je me propose d'en traduire au moins un en vers russes; mais en attendant je voudrais donner le canevas simple et antique de *Marthe l'idiote*, avec quelques citations.

Marthe est une jeune paysanne, orpheline de père et de mère, laissée seule sur la terre avec une petite chaumière et un jardinet. Quant vint l'âge d'aimer, elle aima. Son fiancé était un jeune paysan comme elle. Mais il fallait tirer au sort et attendre les chances de la conscription. Dans ce temps-là, c'était terrible ; le service durait sept ans. Le jour du tirage au sort arrive. Il faut lire dans le poème le mouvement du village et du canton, les angoisses des mères, les prières des jeunes filles aux Madones de l'endroit. Tout cela est peint de main de maître, avec ce choix, cette sobriété qu'on appelle antique et qui vaut mieux que tout le fatras de nos paysagistes modernes. Vous devinez la catastrophe, car elles sont toujours les mêmes dans tous les poètes qui savent bien que les larmes sont plus naturelles et plus vraies que le bonheur. Le jeune homme part pour sept ans. La scène des adieux, les serments de fidélité sont ce qu'on doit attendre d'un grand peintre et je renvoie les amateurs au poème lui même. Les jours succèdent aux jours, les mois succèdent aux mois. Le mois de mai revient et avec lui les hirondelles. C'est ici que le poète a trouvé une des plus heureuses inspirations que je connaisse dans aucune langue ; les anciens en seraient jaloux.

La pauvre délaissée aperçoit deux jeunes hirondelles qui reviennent à leur nid bâti par leurs parents à la fenêtre de la chaumière. Ici commence la scène. J'emprunte la traduction libre à un ami ; je la préfère à une traduction littérale en prose, parce qu'elle donne le mouvement du poète et les pulsations du cœur de l'héroïne :

Les hirondelles vagabondes
Ont déjà traversé les ondes
Et viennent visiter nos cieux !
Ah ! Voilà nos deux préférées !
On ne les a pas séparées
Les pauvrettes comme nous deux !

Bon ! les voilà dans ma chambrette !
Elles ont au col les rubans
Que mon André, l'autre printemps,
Leur noua le jour de ma fête,
Un jour que, sans peur, sur ma tête,
Ils se posaient tout confiants.

O mes gentilles voyageuses,
Mon André comme vous l'aimiez !
Avec vos petits yeux, curieuses,
Vous le cherchez à mes côtés !
Vous pouvez chercher dans toute ma chambrette
Et tous les coins mystérieux,
Il est parti, je suis toute seule pauvrette !
Il est bien loin sous d'autres cieux !

Mais vous deux, oh ! restez dans ma chaumière !
Le soleil tout le jour y luit !
Vous y serez si bien ! écoutez ma prière !
Oiseaux ! j'ai tant besoin de vous parler de lui !

Et le monologue continue, avec ces accents simples et vrais qui sont toute la poésie.

Cependant, la pauvre enfant a conçu un grand projet dont elle fait part au curé, le père du village, le confident naturel de toutes les douleurs. Ce grand projet consiste à acheter un remplaçant pour son fiancé. Comme elle était bonne ouvrière et fine brodeuse, elle se mit au travail. Les riches des environs, mis au courant du projet lui donnent de l'ouvrage et le lui paient *trois fois* sa valeur. Car c'est un des côtés touchants du poète que jamais il n'a commis le crime de mettre en antithèse, comme tant d'autres de nos jours, les vertus des pauvres et les vices des riches. Enfin, la somme voulue est amassée ; on achète un remplaçant ; on écrit la nouvelle au soldat, mais sans lui dire d'où lui vient ce bienfait. Par une coquetterie touchante bien observée par le poète, la jeune fille veut le lui dire elle-même en l'embrassant.

Le jour arrive, le soldat revient, Tout le village, en habits de fête, va à sa rencontre sur la route. Les yeux de tous ces braves gens interrogent l'horizon... Il faut voir dans le poème tout ce mouvement villageois ! Comme c'est peint !... Pourtant Marthe est triste ! C'est sans doute la joie, car parfois la joie est aussi triste que le bonheur. Elle est en avant du groupe avec le pasteur. Enfin ! un cri part de toutes les bouches : Le voilà ! C'est André !... Mais il n'est pas seul ! Qui donc l'accompagne ? c'est une femme ! sans doute une villageoise, une payse !... Mais non, personne ne la connait !... C'est une étrangère ! La pauvre Marthe devient pâle comme une morte. Enfin, le voilà ! Le curé s'avance ! — André ! quelle est cette femme ?... C'est ma femme... Sa femme !... Où sont tes papiers ?... Les voilà, M. le curé... Le pasteur lit les papiers et s'écrie : Mon Dieu !...

La pauvre Marthe partit d'un grand éclat de rire... elle était folle. Depuis ce jour, elle est errante par les chemins, fuyant les maisons et ne s'approchant que lorsqu'elle a faim.

Elle ne prononce jamais une parole. Seulement quelquefois elle chante ce vers : *Les hirondelles sont revenues, Las hiroundèlos soun tournados.*

Tout fin connaisseur saura distinguer un chef

d'œuvre dans ce canevas antique. Tous les poèmes de Jasmin sont du même caractère. L'artiste qui voudra s'en inspirer n'a que l'embarras du choix.

X

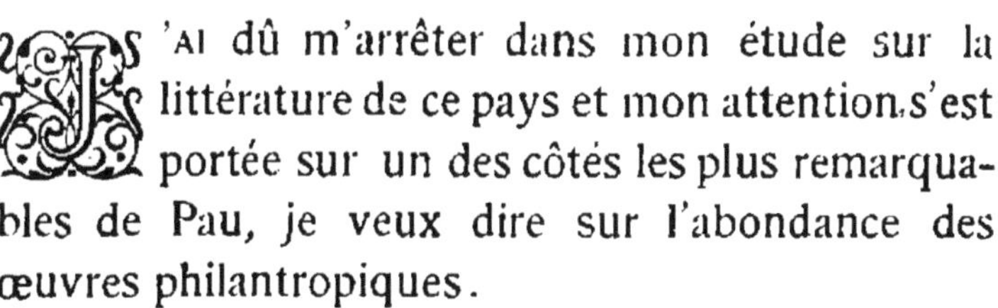

J'ai dû m'arrêter dans mon étude sur la littérature de ce pays et mon attention s'est portée sur un des côtés les plus remarquables de Pau, je veux dire sur l'abondance des œuvres philantropiques.

Une des premières places parmi ces œuvres appartient, à mon avis, à l'asile des vieillards. Il y a près de quarante ans que, dans une petite ville de Normandie, naquit cette œuvre magnifique. Une femme, ayant rencontré un pauvre estropié, l'amena dans son logement. Un autre jour, elle en recueille un second, puis un troisième, et enfin le nombre de ses pensionnaires devint si grand, qu'il fallut songer à appeler le public à son secours. Aussi longtemps que son petit logement avait suffi, elle s'était contentée d'aller quêter à domicile pour nourrir ses vieillards. Mais désormais, il fallait arriver à trouver toute une maison pour les abriter, eux et les autres que rêvait déja son ardente charité.

Le proverbe russe dit : « Fil à fil on fait la chemise » et c'est ainsi qu'a été formée cette grande œuvre qui dans les deux mondes abrite des milliers de vieillards. Ces asiles se nomment, d'après le désir des fondatrices, *Petites Sœurs des Pauvres* et subsistent uniquement de la charité publique. Un des articles des statuts porte qu'il ne doit jamais y avoir d'argent, ni de réserve dans la maison, et s'il y en a, on doit l'employer à fonder un nouvel hospice. De grand matin, deux Sœurs vont quêter : elles visitent les magasins, le marché, les maisons privées et ne rentrent qu'à midi pour préparer le dîner des vieillards. Il faut voir avec quel amour, avec quel dévouement elles soignent ces malheureux qu'elles ont abrités et qui, pour la plupart sont tombés en enfance. Il faut voir la propreté de l'entourage, l'attention dont ces pauvres estropiés sont l'objet, pour comprendre et apprécier tous les exploits de la charité. En entrant dans cet asile, on éprouve un sentiment de respect ; on sent que tout y est empreint d'un amour immense, que tout égoïsme y est inconnu, que le dévouement n'attend d'autre récompense que le regard reconnaissant de ces malheureux qui n'ont pas d'autre monnaie à offrir en échange.

Maintenant que j'ai payé mon petit tribut d'admiration à cette œuvre sublime, je passe à l'étude de la littérature populaire du Béarn.

Les différents faits historiques qui se passèrent dans le pays d'Henri IV, exercèrent nécessairement leur influence sur les créations littéraires des habitants. Mais outre tout cela, les Pyrénées sont riches en traces de l'existence de l'homme préhistorique, et cette circonstance ne pouvait pas passer inaperçue ; elle devait sans doute frapper leur imagination. De cette façon nous sommes sûrs de rencontrer dans les œuvres populaires du Béarn les plus anciens mythes, qui se sont transformés d'abord en légendes et puis en contes de fées.

Mais avant d'aborder ce trésor immense qui garde la vie des générations disparues et qui fait la véritable immortalité de l'homme, je me vois obligé de m'arrêter avec la plus sincère admiration devant le laborieux Béarnais qui a consacré toute sa vie à l'histoire de la langue de son pays.

Je ne me sens pas digne de critiquer les ouvrages de M. Lespy, mais ce serait un oubli impardonnable si je ne les examinais longuement. Il est impossible de décrire en deux mots tout ce qu'a fait ce savant linguiste, et je me propose de lui consacrer une étude toute spéciale.

Quel travail colossal que sa grammaire de la langue Béarnaise ! On est habitué à regarder les manuels de grammaire comme des ouvrages pédantesques, secs, peu intéressants, — et cependant souvent, une seule racine, un suffixe peut jeter quelque lumière sur l'histoire passée du peuple, ressusciter sa vie, dévoiler quelques mystérieux secrets.

La première édition de cette grammaire parut en 1858. Présentée à l'Académie des Inscriptions et Belles-Lettres, elle obtint un grand succès et une mention particulière lui fut accordée. La Revue critique d'histoire et de littérature lui consacra quelques articles, dans lesquels M. Paul Meyer constatait que M. Lespy fournissait d'excellents éléments au moyen desquels il est aisé d'établir les lois de la phonologie béarnaise.

Nous sommes parfaitement d'accord avec le savant linguiste, lorsqu'il dit que les derniers débris de dialectes qui ont eu un certain éclat au XIIe et au XIIIe siècles, méritent à divers égards l'attention dont ils sont l'objet depuis quelques années. Si grande que puisse être aujourd'hui leur infériorité littéraire, ils n'en font pas moins partie de la grande famille des langues latines, dont ils sont les branches extrêmes. Ils peuvent en outre, sur bien des points, compléter la connaissance que nous avons des diverses langues romanes, en ce qu'ils ont conservé vivante la tradition des mots qui ont disparu ailleurs ou ne se retrouvent que dans les textes anciens.

Dans la toponomie du Béarn on remarque une catégorie de mots qui, bien plus que tous les autres, ont été l'objet de l'attention des visiteurs de ce pays et des écrivains de son histoire. Je veux parler des noms de lieux terminés en *os*, tels que Athos, Abidos, Siros, Gelos, Lagos, etc.

Certains savants supposaient que ce sont des noms grecs, mais M. Lespy est loin de partager leur opinion. « Une supposition assez répandue, dit-il, attribue à une race grecque une grande part dans l'antique population de nos contrées. Cette assertion porte sur des analogies de langage entre le grec et plusieurs termes de notre patois.

Il faut cependant se garder de toute précipitation. Et d'abord, pour ce qui concerne les mots de la langue supposés venus du grec — ces mots ne sont pas seulement béarnais, mais ils se retrouvent à Toulouse, Montpellier, Nîmes. Ils sont provençaux et tiennent par la racine à cette langue du Midi, dont tous nos patois sont de simples dialectes. Or, on sait bien que la langue grecque a fourni un contingent à l'un et à l'autre idiomes de la France : à celui du midi et à celui du nord ; mais plutôt au premier. »

Selon notre savant linguiste, la finale en *os* serait plutôt une terminaison basque. Si c'est ainsi, M. Lespy confirme une fois de plus le système de MM. Humbold et Fauriel, sur la première population du Béarn.

Les finales OS (OTS, OTZ) OSSE, OUS, ONS ne sont donc, pour ainsi dire, que des variétés de l'ancienne terminaison *oce*, qui est encore représentée chez les Basques par l'écriture des noms des lieux : Aloce, Arroce, Bardoce, Bildoce. Tous ces noms ne peuvent donc être que d'origine euskarienne, les Basques ayant, dans les temps reculés, habité la contrée qui est devenue plus tard le Béarn.

Les savants travaux de M. Humboldt ont mis hors de doute que les Ibères avaient précédé les Celtes dans la Gaule méridionale. Déjà Ampère, dans son *Histoire Romaine à Rome*, signale leur présence sous le nom de Ligures au delà des Alpes, et les fait arriver jusqu'à Rome. La philologie nous vient en aide, en nous révélant que le mot *Esquiliæ* (l'Esquilin) voulait dire demeure des Ligures. Dans la langue basque, le mot *ilia* a le sens de *ville*, ESK est, selon M. Humboldt, le nom national *des Ibères de nos jours*, c'est-à-dire des Basques.

Ainsi, nous voyons que notre savant linguiste non seulement établit les lois de la phonologie béarnaise, nous donne la grammaire de ce dialecte, mais encore son étude comparative des langues fait revivre l'histoire passée du Béarn et révèle le mystère des temps perdus dans l'éternité.

Le désir de retrouver les traces effacées des ancêtres de ce peuple Basque tourmente depuis longtemps les plus grands philologues et historiens. Dans ce moment, un savant allemand est occupé à résoudre cette énigme. Mais, grand connaisseur des langues romanes, il sera étonné d'y rencontrer les éléments des langues slaves et stupéfié de trouver dans la langue qu'il étudie les idiomes de l'Oural. Oh ! quel immense trésor que cette langue basque pour un savant linguiste, pour tout homme d'esprit, pour tout homme qui n'est pas privé d'imagination. Que d'histoires charmantes, que de contes de fees, que de récits mystérieux et parfois terribles, murmure ce géant centenaire, plus vieux peut-être que les montagnes qui le regardent avec un étonnement respectueux. Quand nous passerons à l'étude de la littérature populaire, j'analyserai tous les éléments slaves, qui se rencontrent par-ci par-là dans les œuvres populaires des Basques.

En attendant, je ne veux pas oublier de dire que dans la grammaire de M. Lespy, on trouve un recueil de textes du béarnais ancien, et parmi d'autres pièces charmantes et remarquables, un conte intitulé : *Le Renard et le Batelier*. Le renard, comme on le sait, joue un rôle important dans la création populaire du Béarn, et la prochaine fois, nous nous occuperons de cet *être rusé* qui donna un sujet bien intéressant pour une des conférences de M. Lespy.

XI

Dans une de ses conférences les plus piquantes, M. Lespy a parlé de ce héros populaire avec un succès et un brio incomparables. Parmi ses autres ouvrages, je remarque *Les Femmes d'après les proverbes*, travail plein de verbe et de fines observations, *Un avocat béarnais, Henri IV écrivain* et beaucoup d'autres dont la seule nomenclature serait trop longue. En un mot, tout ce qui est sorti de la plume de ce profond érudit porte le cachet d'une étude consciencieuse, captive l'attention et développe l'intelligence.

J'ai parlé tout à l'heure des conférences qui furent inaugurées à Pau, il y a quelques années, pour la distraction des étrangers aussi bien que des indigènes. Elles étaient données alternativement, un jour par semaine par un groupe d'hommes dévoués qui mettaient gratuitement leur talent au service d'une idée de propagande. L'honneur de cette création littéraire revient à M. Lespy qui en eut la première idée et lui donna l'impulsion. C'était en 1855, c'est-à-dire bien avant que Paris même eût songé a créer ces conférences régulières qui depuis ont eu tant de succès.

M. Rittier, le professeur bien connu au Lycée de Pau, dans un article consacré à ses conférences, nous en donne une notion charmante, qui nous fait assister en quelque sorte à l'idée qui présida à leur création. Elles furent instituées surtout pour les nombreux étrangers qu'attire chaque année la douceur du climat béarnais, pour ces gens du monde qui, ayant pas mal appris, ont généralement beaucup oublié. La science n'a pas pour eux, comme pour le peuple, l'attrait de l'inconnu. Ils l'ont entrevue déjà et son austérite les a rebutés. Il fallait bien leur présenter une science aimable, de facile accès, souriante et toute différente de l'épouvantail dont ils ont gardé un si mauvais souvenir. C'est ce qu'ont si bien compris M. Lespy et ses collaborateurs. M. Barthélemy nous fournit les mêmes preuves et les mêmes témoignages de l'habileté et de la clarté d'esprit savant conférencier, qui cherchait avant tout à plaire et à se faire écouter. Son auditoire, séduit, s'est instruit sans y songer et quand il croyait surtout se distraire. Point d'enseignement dogmatique, point de cours à proprement parler, rien qui rappelât la gravité un peu effrayante des Facultés; mais des entretiens sur les sujets les plus variés, lettres, sciences, voyages, histoire générale et locale, philosophie, archéologie, rien n'était oublié, rien n'était refusé. Cet enseignement, ajoute M. Rittier, a porté des fruits immédiats. Le public quittait la salle des séances plus instruit déjà et surtout plus avide de s'instruire.

Ces éloges que nous lisons dans une critique rétrospective peuvent donner une idée de la grande activité de notre sympathique savant, qui a consacré au travail toute sa vie.

J'ai déjà parlé des trésors de science linguistique, de sa grammaire béarnaise et des aperçus ingénieux et féconds dont elle est pleine pour la philologie comparée. Un ouvrage non moins curieux et non moins digne, c'est *Le Dicton* du pays de Béarn. Quelle patience! quel amour de l'art il a fallu à l'auteur de ce recueil pour ramasser grain a grain ces perles de la sagesse populaire, les débarrasser de la poussière des siècles, trouver leur sens secret et les présenter au monde étonné de leur beauté poétique!

Laissons M. Lespy nous expliquer ces dictons;

Il le fera cent fois mieux que nous, lui le maître sans rival dans la connaissance de l'ethnographie béarnaise :

Entre les localités d'un pays comme entre les individus qui forment une agglomération, il existe des rivalités et des querelles. Les qualités n'y sont pas toujours appréciées selon les mérites et les défauts sont signalés avec malice. Il y a là matière à toutes sortes de médisances ; on ne manque point d'en tirer parti. On le fait souvent sans réserve et sans mesure : qualités, défauts, malices et médisances sont exprimés en quelques mots. Ces mots — tout le monde les sait, tout le monde les répète — ce sont des dictons. On pourrait leur assigner une origine très ancienne, et le monde antique nous en a conservé de nombreux exemples, tels que : « la pourpre de Tyr, les tapis de Lydie, les figues d'Attique, les abeilles de l'Hymette, le raisin de Corinthe, » etc.

Il y a dans toutes les parties de la France un nombre considérable de mots populaires, comme ceux-ci : usuriers de Cahors, franc Picard, gourmand de Bourges. Les dictons qui concernent les localités ne sont pas seulement des mots caractéristiques, des mots plaisants ou piquants, injurieux quelquefois même contre ces localités et les personnes indigènes. On rencontre des dictons locaux qui se rapportent à la nature du sol, aux produits qu'on en tire ; d'autres rappellent un genre d'industrie ou de commerce. Partout les habitudes, les mœurs, les superstitions, les croyances, les faits historiques ont donné lieu à des expressions proverbiales. En étudiant ainsi le domaine des dictons locaux, on comprend qu'ils se rattachent nécessairement à l'histoire d'un pays. Ils touchent à tout ce qui lui appartient, à son langage, comme à sa vie, à son caractère, comme à ses monuments. Sans doute, il ne faut voir dans ces dictons que les petits côtés d'une histoire locale, mais ces petits côtés ont une importance relative, et s'ils n'ajoutent pas grand'chose à l'ensemble, ils peuvent dans certains cas, le mieux faire connaître. Souvent un dicton retiré de l'oubli donne la notion exacte de quelque usage ou de quelque trait de caractère sur lesquels on n'avait que des indications peu précises.

Parmi les expressions populaires que les communes se lançaient de l'une à l'autre, comme des moqueries ou des injures, il y a beaucoup de sobriquets. L'usage de pareils qualificatifs est très ancien et fort répandu en France, et c'est surtout au XVIIIe siècle qu'il fut le plus fréquent. C'était alors, peut-on dire, une mode, et c'est le cas d'ajouter qu'elle faisait fureur. Dans l'armée, le choix des sobriquets était très grand. En voici quelques-uns, que l'on trouve sur un état des sommes payées aux soldats du régiment de Berry, de passage dans la généralité de Pau : La Joie, Brin d'Amour, Joli Cœur, Mon Plaisir, Sans-Peur, Sans

Façon, La Rose et beaucoup d'autres. Il est bien curieux de voir comment les expressions populaires se ressemblent ou diffèrent pour le fond comme par la forme en rappelant des faits identiques, en traduisant sur des particularités locales les mêmes pensées, les mêmes sentiments, à distances de temps et de lieux considérables, dans des pays entre lesquels il n'y avait pour ainsi dire point de relations, à l'époque où les dictons prirent naissance. Ne s'occupant que de proverbes locaux, M. Lespy montre par plusieurs exemples ce que sont les proverbes qui semblent appartenir en propre au Béarn. Quelques uns me rappellent nos proverbes russes par une ressemblance très frappante. Mais il n'y a pas à s'en étonner, car, pour le fond, les proverbes sont de tous les pays. Ce qui en fait la propriété particulière de telle ou telle contrée, c'est la forme et le tour qui leur sont donnés. En d'autres termes, on dit en proverbes les mêmes choses dans tous les pays. Mais, dans chaque pays elles sont dites non seulement avec des mots différents, mais d'une manière différente. Chaque peuple y met le génie de sa langue, la marque de son caractère, l'expression de ses habitudes, de ses mœurs et les nuances de son esprit.

XII

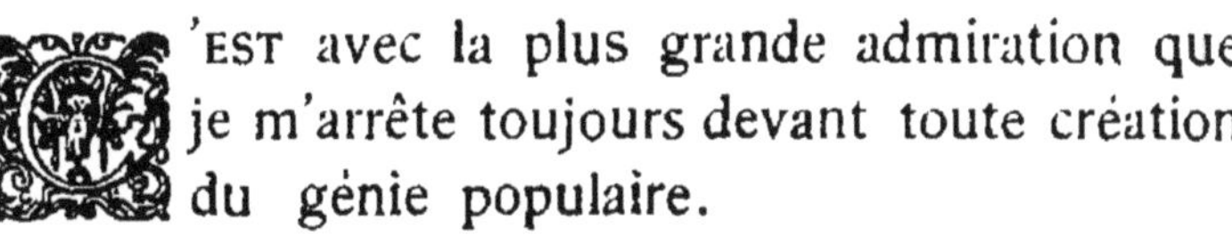

C'EST avec la plus grande admiration que je m'arrête toujours devant toute création du génie populaire.

De quelle imagination vive et luxuriante, de quelle franchise naïve et primesautière est toujours empreinte chaque expression qui sort du cœur de ce poëte éternel qu'on nomme le peuple ! Moins la civilisation a altéré les élans naïfs de cet enfant de la nature, plus ses œuvres ont de valeur, plus elles sont marquées au coin d'une philosophie juste, pratique et profonde. Les proverbes et les dictons béarnais nous présentent une image charmante de ce peuple, de ses idées, de ses plaisirs, de la tournure de son esprit, enfin de tout l'être moral qui trouve sa parfaite expression dans les adages populaires.

En les parcourant, un homme du Nord est bien vite frappé de la différence profonde qu'ils lui offrent avec ceux de son pays, et il reste plus convaincu de cette vérité philologique que le soleil influe sur les âmes comme sur les fleurs, et que quelques degrés de latitude changent la physionomie des esprits. Au Nord, la langue, les adages, les proverbes tout se ressent de l'influence d'un climat plus sévère, de ce ciel nuageux qui semblent écraser la terre attristée. Au Midi, le riant aspect de la nature inspire aux hommes une gaieté involontaire et imprime à tout leur caractère je ne sais quoi d'heureux et de sympathique.

Parmi les proverbes béarnais, il y en a qui, de prime abord, nous donnent le trait caractéristique de leur physionomie.

Ces traits distinctifs sont la fierté, la dignité et la loyauté. Quant à cette dernière épithète, elle a été contestée par les peuples des provinces voisines qui ont essayé d'accréditer sur le Béarnais une légende toute contraire. La vie même d'Henri IV, le grand Béarnais, les difficultés qu'il eut à vaincre, la conduite en partie double qu'il dut tenir, placé comme il l'était entre deux partis acharnés, quelques anecdotes où il fut obligé de se tirer d'affaire en vrai gascon, tout cela a pu faire naître, dans les provinces voisines et jalouses, des proverbes peu bienveillants pour la loyauté béarnaise. Mais l'ensemble de l'histoire et une connaissance approfondie du peuple nous obligent à accepter parmi les adages caractéristiques du Béarn, celui que je trouve aux premières pages du recueil de M. Lespy : *Béarnès feau è courtès. Béarnais fidèle et courtois*. Quant à moi, j'y acquiesce absolument, et je n'ai qu'à prendre à témoin mon expérience personnelle de deux années passées parmi eux.

Le second trait distinctif de cette province qui fut un royaume, et qui, même depuis son annexion à la France, garda longtemps ses *fors* et ses privilèges, c'est la *fierté*. Lorsque Henri IV devint roi de France, pour faire accepter le fait historique à ses Béarnais, il dit cette phrase célèbre : *Mes amis je ne donne pas le Béarn à la France, mais c'est la France que je donne au Béarn*.

Henri connaissait bien ses Béarnais ; il savait que la fierté était le trait distinctif de leur caractère. Pour exprimer cette fierté ils ont plusieurs proverbes, tels que : *lou Béarnès n'a dé grossiè qué la peilhe. — Si mey habé mey eb daré. — Lou Béarnès qu'ey praubé, mes nou cap bachè.*

Quoi de plus noble que la fière devise de Gaston Phœbus : *Touches-y si tu oses !*

Un autre trait du caractère de ce peuple et de ce pays enchanteur, c'est le don artistique et la joyeuse abondance qui ont trouvé leur expression non seulement dans les proverbes béarnais, mais aussi dans ceux des peuples voisins. Dans les plus anciens adages, le Béarn est appelé *le pays des chansons* (Lou pays de las cantes) et certainement ce n'est pas sans raison qu'on dit qu'à *Arance tout danse*, qu'à *Barraute tout saute*, *qu'Estos est la maison du chanteur* et que *Les gens d'Idron ont fait la chanson*.

Plusieurs proverbes et dictons nous donnent aussi une idée générale des productions du sol et des richesses locales du pays. Tels sont : *Les cerisiers d'Andrein ; La pierre de Gan ; Petits pois et pêches de Monein ; Pain de Morlàas, Vin de Jurançon, femme d'Oloron, font bonne maison.*

Ce célèbre pain de Morlàas est d'une espèce particulière, très cuit, sans mie et s'emploie spécialement pour être mis dans le potage. Cette nourriture, qui est une particularité du Béarn, porte le nom de *la garbure*. C'est une soupe épaisse faite avec du choux et de la croûte de pain. Elle est assaisonnée de graisse et garnie d'un morceau de salé ; on y met aussi, selon la saison, des haricots, des fèves et des pois.

Les paysans du Béarn, lorsqu'ils ont mangé *la garbure*, versent du vin dans l'écuelle où elle leur a été servie et où ils ont laissé quelque peu de cette soupe. Ils boivent ce mélange, qu'ils trouvent très réconfortant. C'est ce qu'ils appellent : *Ha la goudale,* — faire la goudale.

Le vin de Jurançon est renommé loin au delà des Pyrénées. Ce qui le distingue particulièrement, c'est le ton et la vigueur. On raconte qu'au moment où Jeanne d'Albret venait de mettre au monde l'enfant qui devait être Henri IV, son grand-père fit sucer au nouveau-né quelques gouttes de ce vin, en disant : Va, tu seras un vrai Béarnais.

Malheureusement les cépages de Jurançon produisent peu de grappes, surtout depuis l'invasion du phylloxéra. Et comme ce vin revient fort cher, il est généralement exporté à des prix très élevés, pour la plupart en Belgique et en Hollande où se trouvent les plus fins amateurs de vins de France. Quant à *la femme d'Oloron,* elle joue un grand rôle dans les dictons béarnais, soit comme type de beauté piquante, soit comme bonne ménagère.

La même gloire revient à la ville qui tient une place analogue à celle de Séville dans la langue espagnole. Je cite quelques dictons au hasard : *Qui a vu Oloron a vu le monde entier ; A Oloron les jeunes filles ont pied leste et œil fripon ; Flore de Castille est rare à Oloron.* Ce dernier dicton serait tout-à-fait à l'honneur des femmes de ce pays charmant, car dans la langue populaire, *Flore de*

Castille signifie toujours une jeune personne qui méconnaît la pudeur et l'honnêteté.

Comme on le voit, ce qui distingue les dictons béarnais, c'est la couleur locale dont ils sont fortement empreints, c'est la note de blâme ou d'éloge dont ils sont marqués pour telle localité.

Quant aux autres plus nombreux, qui ont un sens plus général, ils ont tous ce cachet de philosophie pratique qui les distingue également chez tous les peuples. Comme il faut s'y attendre, ils ont des analogies frappantes avec ceux des autres peuples. Tels sont ceux-ci : *Barrique vide fait toujours beaucoup de bruit*, ce qui rappelle la jolie fable de notre Kryloff : *Les tonneaux vides*. Cette analogie, cette ressemblance n'a pas lieu de nous surprendre, puisque les proverbes forment la sagesse des peuples. Mais il en est quelques-uns dont l'identité universelle doit étonner un observateur. Prenons par exemple les adages sur les *cheveux roux* que j'ai trouvés partout. Je me demande ce qui a pu donner naissance à une antipathie si universellement exprimée. Le dicton béarnais dit : *de l'homme aux cheveux roux sauve-toi si tu peux*. Remarquez les mots : *si tu peux*, car ils nous révèlent le danger terrible attaché à cette couleur. *Homme roux, sujet dangereux*, dit le proverbe russe. Les Anglais le croient faux et les Malais le craignent à l'égal du serpent.

Parole ne vaut papier, dit un dicton béarnais tout semblable à un dicton russe : *ce qui est écrit avec la plume ne peut disparaître même à coups de hâche*. Un autre qui m'a frappé par sa singulière analogie avec le même adage russe c'est celui-ci : *l'arbre qui gémit vit longtemps*, dit le Russe. *Celui qui piaule vit plus longtemps que celui qui siffle*, dit le Béarnais. J'ai même trouvé des adages qui sont les frères jumeaux des proverbes russes, celui-ci par exemple : *le prêtre ne dit pas deux fois la messe*. Il n'y a pas un mot de changé dans les deux langues.

Il y a une autre classe de proverbes qui concernent les coutumes et les superstitions du béarnais, et jettent une lumière bien vive sur la vie intime et les habitudes de la population. Telle est la gracieuse coutume connue sous le nom de : *la Sègue*, qui a une singulière analogie avec une coutume russe du même genre. Lorsqu'une noce se rend à l'église, il est d'usage, dans les campagnes, que des jeunes gens, s'étant postés à un détour du chemin, tendent en travers une ceinture rouge ou un long ruban qui arrête la marche du cortège. Celui-ci s'arrête devant cette barrière, et il ne lui est permis de passer outre que lorsque chacun a donné quelques pièces d'argent, en échange des fleurs qui lui sont offertes. Cet usage s'appelle *la Sègue*, la ronce, parce que dans le principe c'était avec une ronce que l'on interceptait le passage de la noce.

Cet usage date de fort loin et fut cause jadis de graves désordres. En 1488 les États du Béarn en firent l'objet d'une plainte à leur Souveraine Catherine, reine de Navarre.

L'interdiction de *la Sègue* fut alors prononcée. — *Il plaît à la Reine de faire la dite prohibition, et pour cela elle donne lettres en due forme, et ordonne qu'elles soient publiées à son de trompe dans les localités où se commettent de tels abus et partout où il sera utile et nécessaire.*

Cet arrêt, exécuté tout d'abord, tomba en désuétude, et l'usage de *la Sègue* parvenu jusqu'à nous, se pratique encore aujourd'hui. On chante des couplets en l'honneur des gens de la noce qui sont généreux, et des plaisanteries plus ou moins piquantes poursuivent ceux qui n'ont pas ouvert leur bourse assez libéralement.

Il y a encore toute une série de dictons ayant trait aux funérailles dans tout le Béarn mais attribués plus spécialement à la vallée d'Aspe, à l'*Aspe fleurie*, comme on dit ici.

Les Aurotz d'Aspe ou chants funèbres de la vallée d'Aspe sont célèbres et forment comme une branche piquante et parfois très poétique de la littérature populaire. Ces chants ne sont pas uniquement particuliers à cette vallée charmante, car on les retrouve chez beaucoup de peuples anciens et modernes. Les Romains les connurent sous le nom de *Nœniæ*, les Grecs sous celui de *Myriologues*. C'étaient alors, ce qu'ils sont en Béarn, des chants funèbres où l'on faisait l'éloge et parfois la critique du mort. Cette poésie populaire rappelle d'une certaine façon le jugement que les Égyptiens faisaient subir à leurs rois après leur mort. *Les chants funèbres de la vallée d'Aspe* ne font pas toujours l'éloge de la personne morte qui les a inspirés. Il s'y mêle parfois des satires âpres et impitoyables, comme on peut le voir dans le suivant : *Pauvre homme, quand il vous était permis d'aller et venir, un beau gigot vous portiez ; vous ne l'achetiez ni le voliez, mais le preniez où vous le trouviez.* Satire sanglante et polie des habitudes du défunt pendant sa vie. En 1226, le concile provincial ordonna aux prêtres de cesser les offices aux enterrements où les amis, les parents et les domestiques faisaient entendre des *chansons, des lamentations, des hurlements et des cris*. Mais un décret ne suffit pas pour déraciner une vieille habitude ; elle se modifia plus ou moins dans les villes ; mais dans les campagnes et surtout dans les vallées de la montagne, elle règne jusqu'à nos jours, et la vallée d'Aspe a été la plus tenace. Ces chants funéraires ont eu leurs poètes et en ont encore. Ils s'appellent *Aurostz* ou *Auroustades*. En général, la note est douloureuse ou attendrissante ; mais quelquefois aussi la liberté de ces peuplades indépendantes s'y donne libre carrière dans la critique et la comédie humaine.

Il y en a sur un ton de fausse douleur qui sont empreints d'une fine ironie. M. Rivarés, un des nombreux érudits du Béarn, a publié un très intéressant recueil de *Chansons et airs populaires béarnais*, dans lequel je pourrais faire une moisson d'exemples. Je me contenterai de lui emprunter un de ces *aurostz* qui fut composé par la plus célèbre chanteuse funéraire de la vallée d'Aspe et en même temps la plus jolie femme de ce pays. On l'appelait la *vierge blanche* à cause de sa splendide beauté. On y sent vraiment l'élan poétique :

« Prenez le deuil, faites sonner les cloches ! pasteurs, bergers, laissez vos troupeaux ! Et venez des monts et des plaines, des côteaux, des champs et des vallons ; qu'il n'en manque aucun, fils de la poésie, enfants aimés du Gave et de l'Adour, puisque bientôt sera venu son dernier jour ; accourez pour assister en chantant aux funérailles du dernier troubadour ! »

Ce dernier troubadour c'était le célèbre poète Navarrot dont nous avons parlé au commencement de ce livre.

Les Russes qui sont au courant de la vie de leurs provinces, ont eu l'occasion de rencontrer le même usage dans nos campagnes, mais la note attendrissante est la seule qu'on entende dans les chants psalmodiés de nos funérailles. La note comique n'y paraît jamais. En outre, c'est avant l'enterrement, dans la chambre mortuaire, autour du mort chéri, que les parents viennent à tour de rôle faire entendre leurs plaintes et leurs adieux poétiques. Il y en a quelquefois d'une souveraine beauté, celui-ci par exemple qu'une mère adresse à sa fille :

« Ma pauvre petite Colombe, pourquoi as-tu quitté mon bosquet pour les bois lointains et inconnus? Qui donc maintenant te donnera à manger les grains choisis et préférés? Qui mettra du duvet dans ton nid! Qui te réchauffera dans son sein quand tu reviendras mouillée par la pluie, etc., etc... »

En parcourant les myriologues de la Grèce moderne, publiés par M. le Comte de Marcellus sur-Garonne, nous avons trouvé de vrais bijoux dans ce genre de poésie funèbre improvisée par la douleur et le regret devant tous les parents et amis assemblés autour du lit funèbre. Mais ne nous laissons pas entraîner par l'abondance de nos souvenirs et revenons à la vallée d'Aspe.

Les repas funèbres usités en Béarn, comme en beaucoup d'autres pays, ont aussi un cachet particulier qui fait un singulier contraste avec les douleurs funèbres. Dans son langage énergique, le peuple appelle ces agapes *Hartère et briaguère d'enterrament,* ce qui pourrait se traduire assez bien par les mots grossiers du français parisien : *le gueuleton et la soulographie d'enterrement.*

Comme l'indique suffisamment l'énergie des mots précédents, ces repas funèbres servis aux parents et amis après les funérailles, rappellent l'idée des noces de Gamaches, surtout dans la vallée d'Ossau qui se distingue par ces festins pantagruéliques.

Cet usage a donné lieu à un proverbe béarnais qui a de l'analogie avec un proverbe similaire russe. On dit en Béarn : *le mort à la fosse et le vivant la saoulée.* En Russie, comme les *bliniés* ou crêpes font religieusement partie du repas funèbre, le proverbe dit : *les bliniés vivent au repas des morts.*

C'est en vain que l'autorité civile et religieuse voulut souvent intervenir pour faire cesser ces usages venus du paganisme. Ils ont survécu à toutes les défenses et sont pratiqués encore aujourd'hui, avec un caractère plus convenable, amené non par le arrêts mais par les progrès naturel des mœurs.

La superstition et la sorcellerie forment aussi une étude très intéressante pour l'observateur. Je ne prendrai que deux exemples relatifs aux fêtes de Noël et de St-Jean-Baptiste.

A Oloron, le matin du jour de Noël, les enfants courent dans les rues, tenant à la main un petit panier et criant : *Hiü ! baü ! Les chataignes rôties de Noël !* De toutes les maisons on jette aux petits crieurs des sous, des fruits, mais le plus souvent des châtaignes.

On prétend que cet usage provient d'une ancienne superstition qui vit encore dans beaucoup de localités du Béarn, et qui consiste à croire que les sorcières cherchent à pénétrer dans les maisons la nuit et le matin de Noël, pour enlever de leurs berceaux les petits enfants ou leur jeter un sort. On est persuadé qu'elles s'éloignent au cri de : *hiü ! baü !* A Orthez, au lieu de ces mots, on crie : *Picaboü ! boü ! boü !* qui ont le même pouvoir cabalistique contre le mauvais œil et toute sorcellerie.

La superstition innée dans l'âme de chacun, et qui survivra longtemps, toujours peut-être à tous les progrès de la science, a fait naître beaucoup de proverbes où elle s'est incarnée, celui-ci par exemple : *A Nabailhes qué s'goareix lou mau deu loup. C'est à Navailles que se guérit le mal du loup.*

Le mal du loup ne doit pas nous tromper ici ; il ne s'agit pas de l'animal qui porte ce nom, mais d'un mal que St-Loup avait le pouvoir de guérir. La spécialité de ce saint était de guérir les loupes, tumeurs, goîtres, ulcères. Le peuple, a poétiquement résumé tout ce bagage par ce mot : le mal du loup, avec une de ces onomatopées hardies qui n'appartiennent qu'à lui.

Les paysans de Navailles et des alentours professent un culte superstitieux pour une pierre que l'on conserve dans l'église et porte en relief, sur une de ses faces, une tête d'homme grossièrement sculptée. Cette image passe pour la tête de St-Loup, et on lui attribue le pouvoir de guérir les tumeurs dont j'ai parlé plus haut. Autrefois cette pierre sculptée était placée au-dessus d'une fontaine douée d'une vertu merveilleuse et qui jaillissait près du mur septentrional de l'église. De ce côté se trouve encore dans la maçonnerie un bas-relief représentant, dans un médaillon bordé de damiers et soutenu par deux anges, un personnage, probablement un saint, et au-dessus deux oiseaux becquettant un objet qui ressemble à une table, figurant s[illegible] symboliquement les chrétiens nourris au pain céleste de l'Eucharistie.

Ainsi St-Loup, à Navailles, guérit les goîtres comme à Mifaget, près d'Oloron, St-Mommès empêche les enfants de crier et les rend sages. Cette dernière croyance a produit le proverbe bien connu : *Le trou dé St-Pleureur*, allusion à un trou, sorte de crypte au-dessous de l'église. Cette crypte date du XIIe siècle. On y montre une figure de pierre à laquelle le peuple à donné le nom étrange de St-Pleureur, avec cette hardiesse de métaphore qui déconcerte toute rhétorique, exprimant ainsi en un seul mot le malade, la maladie et le médecin.

XIII

Si des superstitions ayant une couleur religieuse nous passons à la sorcellerie proprement dite, nous voyons qu'elle a fleuri en Béarn de toute antiquité, et qu'elle peut le disputer en pittoresque avec celle de n'importe quel autre peuple. Comme partout, la profession appartenait surtout aux femmes. Les sorcières, appelées dans l'idiome béarnais, *pousouères* ou *brouxes*, furent souvent l'objet de poursuites. Le souvenir en est resté dans un grand nombre de dictons locaux. La sorcellerie même aujourd'hui fait beaucoup de dupes dans la région, dit M. Daniel Bourchenin *(Revue des traditions populaires,* t. IV. p. 7.). En Béarn, aller chez le sorcier s'appelle par euphémisme *faire un tour*. L'initiation se fait d'après un livre très ancien qui, dit-on, a été imprimé bien avant J.-C. Selon M. Barthety, qui sous le titre : « *La Sorcellerie en Béarn* » a publié une très curieuse et très intéressante étude de mœurs, le peuple, dans les campagnes béarnaises, partage l'espèce humaine en deux classes : les gens ordinaires et les sorciers. Le dicton : *Sorciers de Gayon* et *Sorcières de Lezons* indique évidemment que ces deux localités étaient le quartier général des magiciens en Béarn. Le jour où le peuple a la plus grande peur des sorciers et sorcières, c'est celui qui précède le 24 juin, fête de St-Jean-Baptiste. Rien de curieux comme de voir le mouvement des campagnes la veille de ce jour.

Vous croirez que leur grande préoccupation dans cette soirée bénie, c'est de préparer les fagots pour le feu de la St-Jean, comme dans les autres parties de la France. Sans doute, on s'en occupe aussi un peu, et de ma fenêtre qui donne sur les Pyrénées, je verrai bientôt s'allumer dans la nuit ces feux de St-Jean qui donnent, ici, à cette fête un aspect si joyeux. Mais ce qui les préoccupe plus encore, c'est d'aller cueillir l'herbe sacrée, l'herbe symbolique qui a la vertu de mettre en fuite les sorcières et de conjurer les mauvais sorts. On en fait toute une moisson pour boucher les moindres trous, au mur, à la porte, à la serrure, par où l'esprit malin pourrait entrer pendant la nuit de

St-Jean. En bouchant tous les trous avec l'herbe mystérieuse, il faut dire à la fleur : *Fais-toi bien sentir, petite fleur, et mets-les en fuite !* Cette plante si puissante est ordinairement le *fenouil* qui, pour cela, s'appelle *la fleur de St-Jean.*

Une autre plante, qui joue aussi un rôle dans la fête de St-Jean, c'est l'*herbe de la Vierge*, plante de la famille des crassulacées, connue en botanique sous le nom de *sedum* ou *sempervivum.* Pour le villageois béarnais, elle est d'un usage précieux. Le matin de la St-Jean on va cueillir plusieurs pieds de cette plante, et on les suspend au plancher des maisons et dans les granges, en disant ces mots : « herbe, herbe, que j'ai cherchée, au jardin et dans les prés, vis longtemps dans ma maison pour que j'obtienne mon pardon ; ensuite fais que j'aie une bonne et belle mort, car choisir mieux je ne saurais. » Suspendue ainsi au plancher, cette plante se conserve verte fort longtemps, parce qu'elle est à feuilles épaisses et grasses ; elle continue à pousser et à fleurir en relevant peu à peu sa tige. Pour que sa puissance protectrice soit reconnue complète, il faut qu'elle ne se flétrisse pas entièrement jusqu'à la nouvelle St-Jean, lorsqu'une autre plante viendra la remplacer.

Cette coutume de cueillir une plante le jour de la St-Jean existe chez la plupart des peuples et notamment en Russie. La veille de cette fête, on se rend dans la forêt et à minuit, juste à minuit, on ramasse des feuilles de fougères qui ont la réputation de préserver de beaucoup de maux et de procurer la richesse. Celui qui a le bonheur de trouver une fougère en fleurs deviendra possesseur d'un grand trésor. Mais malheuresement les sorciers seuls ont le secret de trouver cette fleur rare, cette pierre philosophale.

Il existe à la bibliothèque de la ville de Pau un manuscrit très volumineux, consacré à l'histoire du Béarn, dont M. Barthety a révélé l'existence et a donné des extraits piquants dans une de ses conférences si goûtées en 1879 dans la grande salle des Concerts de la Mairie de Pau. Dans ce manuscrit, qui date du siècle dernier, le conférencier a exhumé des pages très curieuses sur la sorcellerie. Il paraît, d'après ce document, que la paroisse de Luc, aujourd'hui dans l'arrondissement d'Oloron, était en Béarn le quartier général renommé pour ses sorcières. On disait sous forme de proverbe *Las pousouères de Luc* (Les sorcières de Luc).

Elles s'exerçaient à faire mourir les troupeaux, à gâter les fruits, à entrer de nuit dans les maisons où elles ôtaient les enfants hors des berceaux et les mettaient à terre, afin d'inquiéter les mères et les nourrices, couvrant leurs petits corps de marques jaunes et noires. Souvent elles se promenaient dans les champs, dans les prairies, et se transformaient en différentes espèces d'animaux. Entr'autres amusements auxquels elles se rendaient, et qui occupaient la première place, le plus remarquable était le *Sabbat*.

Les sabbats commencèrent à se répandre sous les règnes de Charles VIII et de Louis XII. Certains spectacles, fort grossiers, mais qui alors plaisaient beaucoup, y donnèrent occasion. Ces amusements se nommaient des *diableries* parce que les acteurs se déguisaient en diables, tels qu'on se les figurait alors. Il y avait deux classes de diableries. Les premières n'avaient que deux acteurs portant des cornes et des griffes. Ils brandissaient des torches allumées et hurlaient en diverses manières. Les secondes étaient composées de quatre acteurs, plus défigurés, plus bruyants, et c'est probablement du vacarme qu'ils faisaient qu'est venue l'expression : *faire le diable à quatre*.

Ces sortes d'amusements grossiers avaient commencé à la Cour et dans la capitale. De là ils passèrent dans les provinces et surtout dans les campagnes. On les nomma *sabbats*, parce que les paysans s'y adonnaient le samedi, afin de ne pas violer le repos du dimanche. Les sabbats avaient lieu la nuit, en plein air, pendant l'été, et l'hiver dans les granges.

Telle fut l'origine des sabbats. Comme on peut le voir, c'était un amusement grossier où tout le monde pouvait assister et différant beaucoup de ce qu'ils sont devenus depuis, c'est-à-dire des rendez-vous nocturnes et mystérieux où tous les sorciers d'un pays se rencontraient avec les mauvais esprits, les fées, les gnomes, les sylphes et tous les êtres terribles de la légende populaire.

Lorsque les vrais sabbats eurent disparu des mœurs par des interdictions ou par le progrès de la civilisation, ils furent remplacés dans l'imagination des paysans par des sabbats fantastiques que Shakespeare a admirablement peints dans les sorcières de son Macbeth, avec leurs poisons redoutables et leurs sinistres évocations. Comme dans tous les temps il y eut des femmes ou des hommes possédant plus d'esprit, plus de perspicacité que le commun des mortels, le peuple ignorant et stupide attribuait au diable toute capacité spirituelle qui lui paraissait dépasser la moyenne à laquelle il était habitué. Et de fait, même de nos jours, ceux qui passent pour sorciers dans les campagnes se distinguent par leur intelligence, et comme leurs affaires vont bien grâce à cette intelligence, le paysan explique ses succès en les attribuant à un pacte fait avec le diable. Par une singularité qui n'a pas été expliquée, toutes les sorcières se rendaient au sabbat *à cheval sur un manche à balai*. Le manche à balai est inséparable de la sorcière dans l'imagination du moyen-âge français.

On trouve des allusions au manche de balai jusque dans les œuvres littéraires de notre époque. Telle est celle de la scène première d'Hernani, lorsque don Carlos parlant avec la vieille duègne de doña Sol, lui montre une armoire où il désire se cacher et lui dit :

« Est-ce là l'écurie où tu mets d'aventure
« Le manche de balai qui te sert de monture ? »

Pour donner une idée de la sorcellerie en Béarn, j'emprunte à l'excellent ouvrage de M. Barthety un conte populaire concernant le sabbat. « Non loin de Pau, au fond des landes du Pont-Long se trouve le village de Sauvagnon, célèbre par les contes de sorcellerie. Un paysan, nommé Arcencam, avait femme et fille fort belles. Une nuit, il s'aperçoit qu'elles sont occupées à se frotter d'un onguent mystérieux, et qu'ensuite elles s'élançaient hors de la maison par l'ouverture de la cheminée. Il veut partir, lui aussi, pour les retrouver. Il fait usage du même onguent sur diverses parties de son corps ; il en met également sur ses vaches et sur son tombereau. Il s'envole aussitôt avec son attelage, et arrive au milieu d'un bois. Quelle musique effrénée frappe ses oreilles ! C'est le sabbat. Les sorcières dansent, les sorciers gambadent, les démons sautent comme poissons dans un canal desséché. Pendant que les uns brament, les autres sonnent du cor ou folâtrent sous les arbres. Le diable était là aussi, couvert de son plus beau vêtement *rouge comme braise ;* la plume de coq lui pend derrière l'oreille, et sur sa tête se dressent des cornes, comme jamais on n'en vit. Il traînait une queue *de douze empans* de longeur, et ses cheveux et sa barbe sont roussis et brûlés par le feu de l'enfer...»

Ce que les érudits Béarnais ont fait pour le Béarn, d'autres savants l'on fait pour tous les peuples d'Europe, et c'est un spectacle curieux et éminemment instructif que ces trésors de légendes où s'est incarnée l'imagination populaire. Un de ces recueils publiés à Paris, *la Revue des traditions populaires*, est un des plus complets sous ce rapport. On y trouve la quintescence de tous les ouvrages locaux de tous les pays. Dans un des derniers numéros, on lit des études très soignées sur les incarnations diaboliques et sur les idées superstitieuses attachées à certains animaux, Parmi eux, le singe occupe un rang distingué. Selon M. Daniel Bourchenin, le singe dans le Béarn n'est autre chose qu'une incarnation du diable. On compte par centaines les personnes qui préféreraient mourir que de coucher dans une maison où il y a un singe. Même superstition pour le corbeau et la pie. Un boulanger avait chez lui une pie. Un jour, elle lui dit : « Donne-toi à moi et tu seras le plus riche homme du pays. » L'avare se laissa séduire. Il ne tarda pas à acquérir une fortune considérable. Mais quand le temps marqué fut venu, la pie prit son vol et disparut sans espoir de retour. Le jour même, le boulanger se pendit dans sa maison. Dans la même ville un jeune homme avait élevé un corbeau. Il vivait avec une maîtresse qui était sorcière. Grâce aux sortilèges de cette fille et à la présence du corbeau dans la maison, il vit sa fortune grandir à vue d'œil ; il se donna au corbeau. Mais au temps marqué il alla trouver le curé et lui raconta son histoire et ses terreurs. « Tue le corbeau, dit le prince ! prends ton fusil à l'instant même ! » Le jeune homme obéit ; il ajuste l'oiseau ; le coup part, le corbeau disparaît par la fenêtre, Mais le coup de fusil avait frappé la fille qui tomba raide morte sans aucune blessure apparente.

J'ai trouvé dans le même auteur, au sujet du Béarn, une série de *Pourquoi* qui me paraît très intéressante. Pourquoi le houx a-t-il des piquants? — Parce que Jésus ayant fait le laurier, le démon jaloux voulut l'imiter, mais ne réussit qu'à faire le houx. — Pourquoi le singe ressemble-t-il à l'homme ? Parce que Notre-Seigneur ayant fait l'homme le diable jaloux voulut l'imiter, et ne réussit qu'à faire un singe. — Pourquoi l'ours marche-t-il comme l'homme ? Parce que Jésus rencontra un jour un homme caché derrière une barrière : — Qui est là? demanda Jésus, — Un ours, répondit l'homme en plaisantant. — C'est bien ! tu as dit ours, ours tu seras. En Russie nous avons une légende à peu près semblable. L'ours était autrefois un homme riche, mais pour son avarice il fut changé en animal. Pour ce qui regarde le singe, les Arabes sont persuadés qu'il fut jadis un homme maudit de Dieu. Le Coran même rapporte que Dieu et le prophète David changérent en singes les Juifs qui n'observaient pas les lois du sabbat. Malgré cette croyance, un vrai et bon Musulman craint de maltraiter ou de tuer un singe car, pense-t-il, Dieu a été assez sévère dans sa justice, en refusant aux Juifs l'entrée du Paradis et en les renvoyant sur terre dans le corps d'animaux sans âme.

Cette étude nous a entraîné un peu loin ; mais ceux qui s'intéressent à l'ethnographie des peuples nous sauront gré de celle que nous avons consacrée au Béarn, à ce pays dont le climat enchanteur ne forme pas la seule gloire, mais qui offre aux touristes studieux des trésors littéraires et poétiques.

XIV

En relisant la suite de mes impressions, je m'aperçois que les études littéraires, artistiques et scientifiques ont pris une large part et que j'en ai fait une trop petite aux charmes de cette nature pyrénéenne qui n'a pas de rivale. Mais je me rattraperai pendant l'été, dans mes excursions à travers les Pyrénées, et je paierai largement à cette bienfaisante nature les arriérés de mon admiration et de ma reconnaissance. Le moment approche où la ville de Pau sera désertée par les touristes et les malades qui vont se disperser dans les stations thermales ou balnéaires des Pyrénées. Cependant Pau reste, même en été, le centre et comme le quartier général de toutes les villégiatures, d'où l'on rayonne à volonté vers la station préférée. Tous ces endroits sont en quelque sorte les enfants de la cité béarnaise et ne sont éloignés que de quelques heures. Tels sont : les Eaux-Bonnes, les Eaux-Chaudes, Cauterets ou Bagnères ; Biarritz même n'est qu'à trois heures de chemin de fer.

Aussi la ville de Pau est-elle une halte obligée, un point de ralliement classique pour tous les voyageurs qui viennent aux Pyrénées de tous les coins de l'univers. Quant à moi, ma station préférée, c'est Eaux-Bonnes. Les merveilleuses qualités de ces *Eaux* méritent certes bien cette préférence et la gloire qu'elles ont acquise.

Mais elle ne m'empêchera pas de pousser quelques pointes aux autres stations voisines où l'on retrouve toujours, sous des aspects divers, la splendide nature pyrénéenne.

Encore quelques jours, quand le soleil de juin aura suffisamment réchauffé les épaules frileuses des monts, quand les touffes énormes de rhododendrons pyrénéens commenceront à éclore et à parfumer les airs d'un arôme vivifiant qui ne ressemble à aucun autre parfum, je dirai adieu pour quelques mois à ma coquette ville de Pau et à ses aimables habitants, qui ont pour nous une si vive sympathie naturelle, accrue encore depuis quelque temps par les circonstances politiques de l'heure présente. On a beau être philosophe, quand il s'agit de planter sa tente quelque part, c'est agréable pour les malades de savoir d'avance qu'ils peuvent compter sur les procédés les plus délicats du bon accueil.

Au moment où je trace ces lignes d'adieu, ma pensée trotte déjà vers les montagnes. Je gravis cette route admirable de Laruns aux Eaux-Bonnes qui serpente aux flancs des monts et d'où à chaque détour, le regard charme voit se dérouler, sous des aspects toujours nouveaux l'admirable vallée qui n'a d'égale que celle d'Argelès ou de Luchon.

J'entends bondir et jaser ces mille cascatelles si charmantes qui ruissellent de tous les monts et courent au-devant du voyageur pour lui souhaiter la bienvenue.

Ce sont les vraies filles des monts, engendrées dans leurs flancs mystérieux. Leur berceau est perdu dans les secrets des hauteurs inaccessibles et inviolées. Elles ont habité longtemps les entrailles paternelles, avant de sortir à la lumière. Les unes, brûlantes, gardent encore le souvenir de la fournaise intérieure d'où elles sont sorties : ce sont les plus bienfaisantes, elles donnent aux malades la santé et la vie. Les autres, les plus nombreuses, ont traversé l'hiver éternel, et portent le froid dans les plis glacés de leur robe flottante.

Mais toutes, fumantes ou glacées elles bondissent de tous côtes, comme un essaim d'écoliers faisant l'école buissonnière. Elles sont la joie éternelle, le charme incessant de la montagne. Qui ne les a pas vues bondir le long des monts, là en filets d'argent, là en bacchantes échevelées, ne peut se figurer ce que c'est que la nature pyrénéenne. Mille poètes les ont chantées, et pas un n'a réussi à les peindre : le tableau est toujours à recommencer.

Je vais donc vous revoir encore, charmantes naïades, sorcières enchanteresses qui accompagnez partout le voyageur dans la montagne ! voix charmantes et mystérieuses qui parlez à chacun la langue de son âme : aux cœurs heureux, celle de la joie ; aux âmes endolories celle de la douce mélancolie et de la douleur apaisée ; aux poètes, celle des rêves ; aux jeunes gens, celle de l'espérance ; aux vieillards, celle des souvenirs !

Que de romans, signés de noms connus ou de transparents pseudonymes, sont nés au bruit de vos chants ! Les murmures des brises, les voix des Naïades, les mystérieux chuchottements des feuilles, tout dans les stations pyrénéennes, semble être composé avec les vers des poètes, les soupirs des amants qui ont trouvé ici les premières modulations de leurs Muses ou de leurs amours !

Eaux-Bonnes, Cauterets, Bagnères ! que de vieillards vous revoyez tous les ans, attirés par le charme des jours heureux et l'attrait des souvenirs ! Ils y reviennent avec leurs petits enfants qui, à leur tour, vont recommencer le roman éternel. C'est ici surtout qu'on peut appliquer ces admirables strophes de Victor Hugo :

D'autres vont maintenant passer où nous passâmes ;
Nous y fûmes heureux ; d'autres vont y venir,
Et le songe charmant que rêvèrent nos âmes
Ils le continueront sans pouvoir le finir.

Car personne ici-bas ne termine ou n'achève ;
Même pour les plus saints, même pour les meilleurs,
Nous nous réveillons tous au même endroit du rêve ;
Tout commence ici-bas et tout finit ailleurs.

Je serais très heureux si mes pâles descriptions, mes faibles études, échos impuissants de ce que je sens, pouvaient ramener dans mon cher Béarn la brillante colonie russe, qui autrefois éclipsait ici toutes les autres et qui a laissé dans les cœurs des Palois le plus charmant des souvenirs. Ayant trouvé moi-même pour ma santé un bien-être que j'avais demandé en vain à toutes les stations hivernales de l'Europe, je voudrais faire profiter du même bienfait tous ceux de mes compatriotes qui ont besoin d'un climat plus doux que le nôtre. Mes vœux renferment donc, d'une façon complète et absolue, tout ce que le poète latin a exprimé dans le vers célèbre :

Omne tulit punctum qui miscuit utile dulci!

C'est par ces vers que je termine et je serais heureux si, aux yeux de mes compatriotes et en même temps à ceux des Béarnais mes aimables hôtes, ce vers pouvait servir d'épigraphe à mon modeste travail.

Quant à moi, j'avoue que j'ai trouvé dans ma correspondance tout ce que renferme ce vers d'Horace, l'*utile* par les études que j'ai été obligé de faire et le *dulce* par l'accomplissement d'un devoir de reconnaissance envers un pays auquel je dois tant.

Imprimerie Arêas

PAU

www.ingramcontent.com/pod-product-compliance
Ingram Content Group UK Ltd.
Pitfield, Milton Keynes, MK11 3LW, UK
UKHW020349230726
13925UKWH00003B/1034